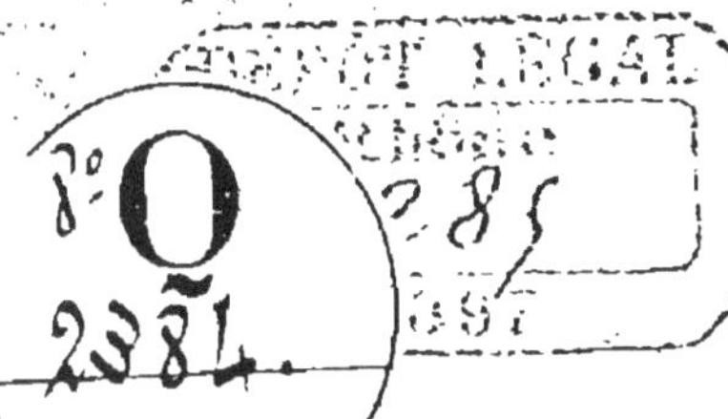

CATALOGUE

DES

MANUSCRITS

& LIVRES RARES

DE LA BIBLIOTHÈQUE

D'ARTHUR BRÖLEMANN

LYON

ALEXANDRE REY IMPRIMEUR

M DCCC XCVII

CATALOGUE

DE

Manuscrits et Livres Rares

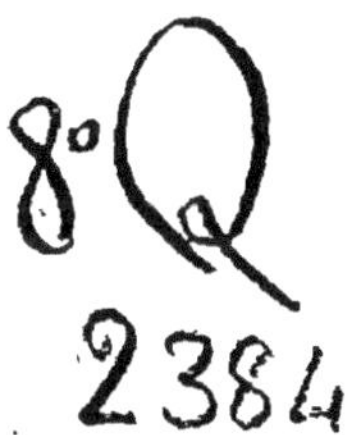

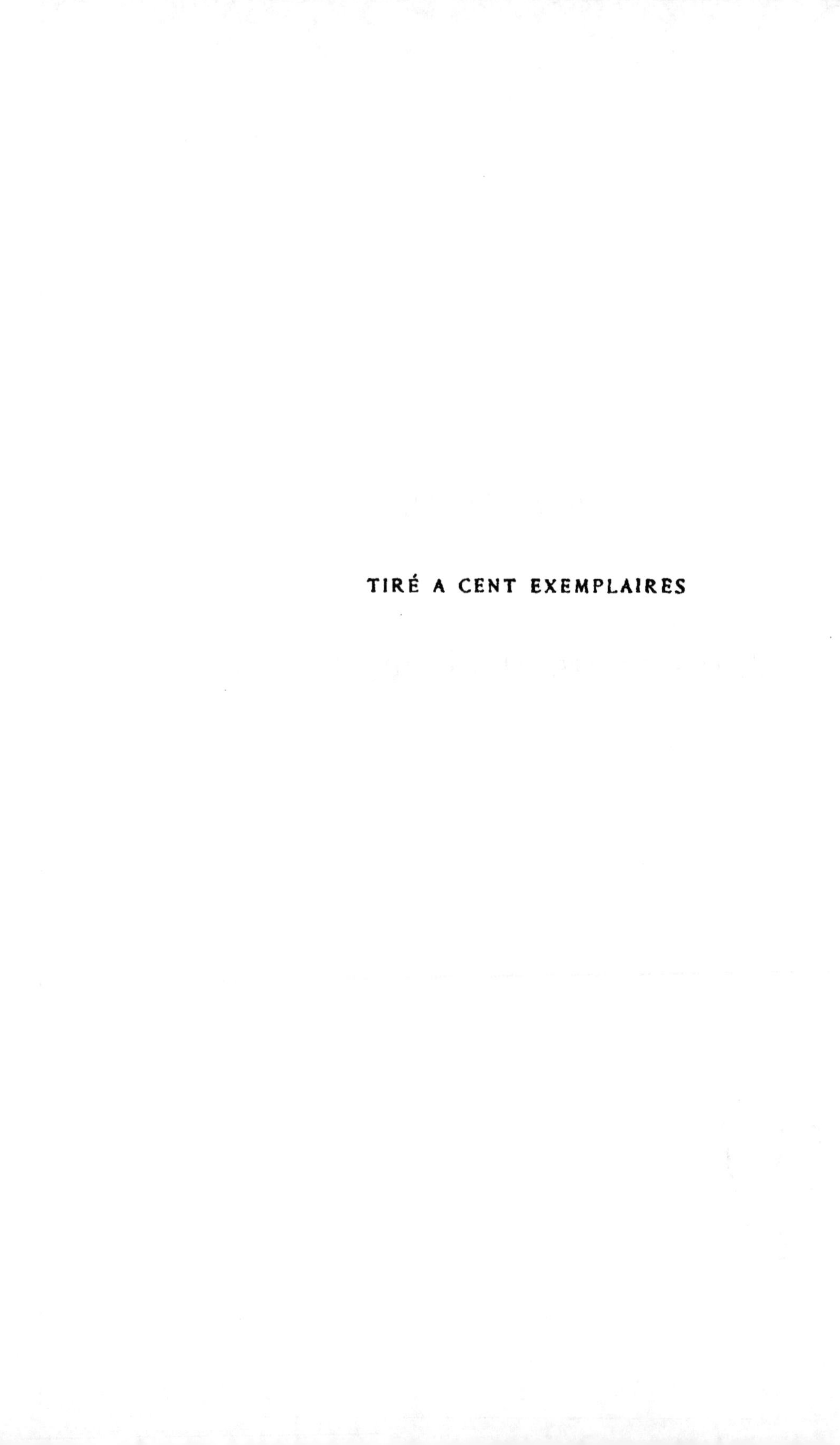

TIRÉ A CENT EXEMPLAIRES

CATALOGUE

DES

MANUSCRITS

& LIVRES RARES

DE LA BIBLIOTHÈQUE

D'ARTHUR BRÖLEMANN

LYON

ALEXANDRE REY IMPRIMEUR

M DCCC XCVII

L'INTÉRÊT que peut présenter une collection bibliographique est encore augmenté, lorsque les richesses qui la composent ont été pieusement conservées par plusieurs générations.

Les ouvrages précieux, dont nous donnons le catalogue sommaire, ont été acquis par Henry-Auguste Brölemann, de 1824 à 1854, ils font partie actuellement de la bibliothèque de son petit-fils Arthur Brölemann qui a pu maintenir intact cet héritage artistique.

Un livre, édité seulement pour les intimes, a fait revivre la physionomie fine et originale d'Henry-Auguste Brölemann. C'est dans Souvenirs et Portraits *(Lyon, Perrin, 1882) que l'on peut apprécier déjà cette intuition du beau qui a transformé le collectionneur en un amateur distingué.*

Guidé par un sentiment très personnel de la philosophie spiritualiste et de l'art chrétien, il avait composé sa bibliothèque en n'épargnant ni soins, ni recherches. Plus de quatre mille volumes, que l'on peut classer sous les titres suivants, ont été ainsi réunis : BIBLES. — HEURES ET LIVRES DE DÉVOTION. — EMBLÈMES. — HISTOIRE DU PROTESTANTISME. — HISTOIRE GÉNÉRALE ET DES PROVINCES. — BEAUX-ARTS. — BELLES-LETTRES.

Les manuscrits et les livres décrits dans ce rapide inventaire ne sont que le centre, le point synthétique de la collection. Les autres, joints entre eux par l'invisible chaîne de l'association des idées, paraissent se grouper autour de ces documents, souvent uniques, pour les expliquer mieux ou les faire goûter davantage.

Des gravures, des médailles, des émaux et des tableaux complètent encore cet ensemble qui, par le témoignage des choses, raconte l'histoire de deux grands siècles, le quinzième et le seizième.

Nous les disons grands, parce que, pendant

cette période, les peuples occidentaux se sont surtout préoccupés, malgré les aventures politiques, de ce qui fait la force des nations et des individus, c'est-à-dire de la religion.

LYON, le 10 Juin 1897.

CATALOGUE

DE

MANUSCRITS & LIVRES RARES

---

1. EVANGÉLIAIRE. — xe siècle (haut. 275 mill., larg. 191 mill.); 211 ff. Rel. bois, coins et clous en cuivre repoussé et ajouré.

Manuscrit sur vélin. Cent quatre-vingt-six initiales ornées, dont trois grandes; chaque lettre était protégée par un morceau de gaze de soie pourpre, retenu par un point de soie; il en reste quelques-uns. Au verso du premier feuillet, on lit : *in domini nomine incipiunt evangelia quæ legenda sunt*. Au verso du quatrième feuillet, dans un titre formant portique, le commencement de l'évangile de saint Jean : *in* en lettres majuscules ornées et entrelacées.

Cat. Didier-Petit, Paris, 1843, nº 364. — Exposition rétrospective de Lyon. — Cat. A. 135; B. 60.

2. Psalterium Davidis. — xiiie siècle (haut. 215 mill., larg. 160 mill.); 136 ff. Basane, tr. r.

Manuscrit sur vélin. Sur les deux premiers feuillets, un formulaire de prières d'une écriture différente de celle du manuscrit; sur le recto du troisième feuillet est la formule d'excommunication contre quiconque vendrait ou aliénerait, sans autorisation, des biens ecclésiastiques. C'est au verso du troisième feuillet que commence le manuscrit avec lettre ornée; au recto du quatrième, musique notée; au verso du cinquième feuillet tableau des éclipses, suivi d'un calendrier perpétuel et d'un calendrier ordinaire; la reliure a endommagé ces premières pages très rognées en tête.

Onze grandes initiales, d'un beau style, dont une avec la figure du Christ; l'or en a été probablement retouché.

Cat. A, 188; B, 45.

3. Poème sur les Macchabées. — xiiie siècle (haut. 290 mill., larg. 230 mill.); 70 ff. Belle rel. v. bleu, fil. sur les plats, tr. dor.

Manuscrit sur vélin en langue romane. Seize miniatures sur fond doré; grandes initiales.

Ce manuscrit est incomplet. La première page ne commence pas le poème et le second feuillet ne continue pas la deuxième page; il y a là une lacune qui trahit l'enlèvement d'un ou de plusieurs feuillets intermédiaires. La première page fait allusion à Lysias, gouverneur de Syrie, en l'absence d'Antiochus, qui n'apparaît dans l'histoire des Macchabées, qu'après la défaite d'Apollonius par Judas Macchabée.

Le texte commence par :

Li chevalier et li baron
Dient kil a droit et raison
Et plenement si accorderent
Tout li baron ki illec erent.

A la fin, au-dessus d'une miniature représentant Moïse. *Explicit... del Macchabeus :*

Cat. A, 149 ; B, 61.

4. BIBLIA. — XIIIe siècle (haut. 17 cm. 1/2, larg. 11 cm. 1/2); 520 ff. Rel. mar. gros bleu, fil. dorures sur les plats, dos sans nerfs, tr. dor. ; garde moire rouge (P. Bozérian, jeune).

Manuscrit sur beau vélin très fin, d'une écriture régulière sur deux colonnes. Cent onze initiales à histoires et antennes ; *index* et *table* au commencement et à la fin.

Ce manuscrit, d'un travail considérable, est d'une belle exécution et de bonne conservation.

Cat. Didier-Petit.

Cat. A, 139 ; B, 53.

5. LES PARABOLES, L'ÉCCLÉSIASTE ET LE CANTIQUE DES CANTIQUES. — Commencement du XIIIe siècle (haut. 340 mill., larg. 230 mill.); 114 ff. Rel. veau brun.

Manuscrit sur vélin. Une grande initiale avec animaux ; dix autres grandes initiales peintes. Ce manuscrit est écrit sur trois colonnes : au milieu, le texte en gros caractères; de chaque côté, en caractères moindres les gloses, et dans les marges des notes en plus petits caractères.

Cat. A, 21 ; B, 104.

6. PSAUTIER. — XIIIe siècle (haut. 145 mill. larg. 9 cm. 1/2), 194 ff. Rel. velours rouge, tr. r.

Manuscrit sur vélin, en latin, belle écriture. Les premiers feuillets fatigués et raccommodés. Douze grandes initiales or, avec figures; grand nombre de petites initiales peintes et dorées avec antennes rouges, bleues et or.

Cat. A, 40; B, 72.

7. HEURES. — XIIIe siècle (haut. 160 mill., larg. 110 mill.); 139 ff. Rel. mar. r., fil. dor., dos plat, tr. dor.

Manuscrit sur vélin. Calendrier avec petits médaillons, fonds or. Huit miniatures, fonds or, d'un bon style : *Dame adorant la Vierge mère*, *le Baiser de Judas*, *la Flagellation*, *le Portement de croix*, *la Crucifixion*, *Salvator mundi*, *l'Annonciation*, *Funérailles*.

Le texte est de deux écritures.

Sur un parchemin collé à un feuillet de garde, on lit : « *Ces présentes heures sont esté données par moy Jehan Damas, seygneur de Marcilly et la Mothe, vycomte de Challon, à damoyselle Jeane de Torsy, dame du Monayt et de Sassangy ma belle-mère, laquelle je luy supplye m'avoyr toujours en ses pryères et souvenances et me tenyr en son amytyé tant en ma vye qu'après mon trépas, escrypt le dernyer jour d'avryl 1587.* Signé *Damas-Marcilly.* » Une note, sur la garde en regard, établit la provenance de ce livre : Bibliothèque de M. le chevalier de la Magdeleine, décédé à Chagny en 1827.

Cat. A, 38; B, 41.

8. OFFICE DE LA VIERGE ET PSAUMES PÉNITENTIELS. — XIIIe siècle (haut. 135 mill., larg. 100 mill.); 243 ff. Rel. mar. pl. dent. plat, dos sans nerv. tr. dor., anciens fermoirs cuivre.

Manuscrit sur vélin. Calendrier, lacéré intentionnellement; seule la feuille de *Janvier* a été respectée. La première page a été coupée. A chaque page, figures et ornements variés d'une grande finesse. Seize grandes lettres à antennes très curieuses, protégées par des morceaux d'étoffe ancienne en lin très fin et d'un aspect soyeux obtenu par le lustrage.

Ce manuscrit qui proviendrait d'une abbaye du nord de l'Allemagne est d'un art admirable, on y retrouve la symbolique usuelle : licorne se réfugiant dans le sein d'une vierge, dame tressant une couronne, chasseurs, lièvres, limaçon à tête humaine. Dans un médaillon fond or un entrelac arabe.

Cat. A, 177 ; B, 4.

9. BRÉVIAIRE. — XIVe siècle (haut. 215 mill., larg. 150 mill.); 450 ff. Rel. anc. sur bois, peau brune gaufrée, dos refait, tr. dor. et ciselées.

Manuscrit sur vélin fin. Calendrier. Vingt-huit miniatures dans des lettres ornées à antennes. Grand nombre d'initiales et ornements en couleur et or ; bonne écriture sur deux colonnes.

Les premières pages fatiguées ; les dernières ont quelques taches ou mouillures.

Sur la première page du Calendrier : « *ex bibl. ff. præd. gratianop* » *(De la Bibliothèque des Frères prêcheurs de Grenoble)*.

Vente de l'abbé Caille, Lyon.

Cat. A, 121 ; B, 44.

10. BIBLIA SACRA. — XIVe siècle (haut. 120 mill., larg. 81 mill.); 538 ff. Rel. bas., tr. r.

Manuscrit sur vélin très fin, d'une écriture régulière, sur deux colonnes. Deux cents initiales peintes à antennes ; nombreuses lettres rouges et bleues.

Il manque quelques pages au commencement ; une déchirure dans le texte.

Cat. A, 114 ; B, o.

11. HEURES. — XIVe siècle (haut. 210 mill., larg. 140 mill.); 147 ff. rel. veau marbré avec encadr. tr. dor.

Manuscrit sur vélin. Calendrier. Douze miniatures : *l'Annonciation*, dans l'encadrement, armoiries surchargées et illisibles, *la Nativité*, *les Bergers*, *la Présentation*, *les Mages*, *le Couronnement de la Vierge*, *la Crucifixion*, *la Trinité*, *Funérailles*, *David*, *Vierge au fruit*, *Vierge allaitant l'Enfant*; les encadrements sont fins, mais ils ont été rognés en tête.

Les miniatures ont un caractère archaïque que n'ont pas les initiales et l'écriture; *l'Annonciation* surtout aurait les apparences d'une miniature du XIIIe siècle.

A la fin : *Prière à la Vierge*, en vers français, on y retrouve quelques mots de langue romane.

Cat. A, 204; B, 49.

12. PRECES PIÆ. — XIVe siècle (haut. 140 mill., larg. 95 mill.); 158 ff. Rel. sur bois, tr.dor., gardes de la fin, gravures sur bois coloriées.

Manuscrit sur vélin. Calendrier, avec les *signes du Zodiaque* sur fond or. Dix-neuf miniatures sur fond or d'un travail un peu lâché. Ornements et belles initiales à antennes; dans les lettres, des figures humaines.

Cat. A, 115; B, 77.

13. HEURES. — XIVe siècle (haut. 85 mill., larg. 62 mill.); 99 ff. Rel. anc., fleurs de lis, agrafe laiton, tr. br.

Manuscrit sur vélin. Calendrier. Douze miniatures. Camaïeu gris sur fond or brillant : *l'Annonciation, la Nativité, les Rois mages, le Baiser de Judas, Jésus devant Pilate, la Flagellation, le Portement de Croix, la Crucifixion, le Christ tenant trois âmes ;* dans une lettre ornée, remarquable par le style et le dessin, *une descente de croix;* deux initiales.

Il est rare de trouver des manuscrits dans ce format et la décoration de celui-ci est originale.

Cat. A, 140 ; B, 15.

14. PRECES PIÆ. — XIVe siècle (haut. 170 mill., larg. 110 mill.); 140 ff. Rel. v. f. double fil. or sur plats, dos refait, sans nerv.

Manuscrit sur vélin. Calendrier. Lettres ornées. Huit miniatures sur fonds à damier : *l'Annonciation, le Christ sauveur du monde, la Crucifixion, la Pentecôte, la Vierge au lis, le Christ glorieux. Funérailles, la sainte Trinité,* cette dernière probablement d'une autre main et époque. Les miniatures sont fatiguées. Incomplet.

A partir du texte en rouge, les prières sont du XVe siècle. Ces prières naïves, en français, sont adressées : à Dieu, à la Trinité, à Jésus, à la Vierge et la dernière à l'Ange gardien.

Cat. A, 211 ; B, 39.

15. HEURES. — Fin du XIVe siècle (haut. 195 mill., larg. 135 mill.); 250 ff. Belle rel. v. br. avec fers poussés, médaillons et coins frappés or, traces de traits en coul., tr. dor.

Manuscrit sur vélin. Calendrier. Quatorze miniatures sur fonds à damiers : *l'Annonciation, la Visitation, la Nativité, les Bergers, l'Adoration des Mages, la Présentation, la Fuite en Egypte, le Couronnement de la Vierge, David, la Crucifixion, la Pentecôte, Funérailles, la Vierge aux Anges, le Christ ressuscité.*

A la fin : *Prière à la Vierge et au Christ*, en français. D'une autre écriture plus fine : *Office à la sainte Vierge*, en latin.

Le manuscrit est terminé par quatre pages de vélin blanc et rayé au minium ; sur la deuxième on lit, d'une écriture du dix-septième siècle : « *Charle de la Rivière, fils de Jean de la Rivière.* »

Exposition rétrospective de Lyon.

Cat. A, 25 ; B, 29.

16. Fragment d'un manuscrit du xive siècle.

Ce manuscrit sur vélin se compose de 15 feuillets, avec initiales peintes et ornements or ; huit petites miniatures d'une grande finesse.

Cat. A, 67 ; B, 110 *ter*.

17. Bible et commentaires. — xive siècle (haut. 310 mill., larg. 215 mill.) ; 335 ff. Rel. peau brune, tr. dor. et cisel.

Manuscrit sur vélin fin, 89 initiales à antennes avec figures très finement peintes. Les marges sont chargées de notes d'une écriture du xvie siècle.

Au xve siècle, pour faire un titre de la première page, on y a ajouté, en cachant une partie du texte, une miniature représentant *le Jugement de Salomon*, plus des banderoles et un écusson chargé des armoiries suivantes : *écartelé, au 1 et 4, d'azur au chevron d'argent chargé d'une étoile de gueules, accompagné en chef et en pointe de trois têtes d'oiseaux arrachées d'or ; et au 2 et 3, d'azur à la bande d'argent chargée de trois écrevisses de gueules.* Devise : *Memorare.*

A la fin, se trouve cette mention d'une écriture du xv^e^

siècle : *hec biblia est reverendissimi in christo patris ac domini dom. Ludovici de baricuria pontificis quondam biterrencis mox archipresulis Narbonensis, nunc autem patriarche hierosolimitani episc. baiocensis nec non et amministratoris (1476) perpetui monasterii de Lira Ebroicensis dioceseos.*

Cat. A, 147 ; B, 106.

18. HEURES. — Fin XIVe siècle (haut. 180 mill., larg. 125 mill.); 200 ff. Rel. peau verte, tr. dor.

Manuscrit flamand sur vélin. Calendrier. Dix-sept grandes miniatures avec de très beaux encadrements, et or bruni : *le Baiser de Judas, Saint Michel archange, Saint Jean, Saint Pierre, Sainte Catherine, l'Annonciation, la Visitation, la Nativité, les Bergers, l'Adoration des mages, la Présentation, la Fuite en Egypte, le Couronnement de la Vierge, David, la Pentecôte, Funérailles.*

A la fin, cinq feuillets d'une élégante écriture du XVIe siècle : *Prières*, en français.

Cat. A, 207 ; B, 36.

19. TERTIA PARS MISSALIS. — Fin du XIVe siècle (haut. 290 mill., larg. 175 mill.); ff. Rel. cuir de Russie, clous et fermoirs dorés, tranches dorées et ciselées avec ces mots *missel de Beauvais* (Bruyère).

Manuscrit sur vélin. Calendrier. Trois miniatures.

Toutes les pages sont couvertes de grandes lettres à antennes et fort belles; les motifs d'ornements en sont exécutés avec soin.

Ce manuscrit appartenait à Robert de Hangest, chanoine

de Beauvais, qui le légua à l'Église de Beauvais. La famille de Hangest est originaire de Noyon; Charles de Hangest était évêque de Noyon, en 1502.

Catal. de Didier-Petit, n° 354. Acheté à la vente Techner, par le docteur Payen.

Cat. B, 59.

20. MISSALE ROMANUM. — XVe siècle (haut. 200 mill., larg. 150 mill.); 128 ff. Très belle rel. v. frappé, teinté et doré; dos refait, une agrafe conservée.

Manuscrit sur vélin. Calendrier avec vingt-quatre petites miniatures. Lettres ornées. Seize grandes miniatures : *le Christ avec les quatre animaux, le Mariage de la Vierge* (armoiries), *l'Annonciation* (armoiries : parti, de gueules au sautoir d'argent cantonné de quatre coquilles d'argent; et d'azur au chef d'or); *la Visitation, la Nativité, les Bergers, l'Adoration des mages, la Présentation, les Saints Innocents, le Couronnement de la Vierge, la Crucifixion, la Pentecôte, David, Funérailles*, avec une danse macabre en médaillons dans l'encadrement, *la Vierge et les donataires, Saint Antoine*. Seize petites figures de saints.

Ex libris (sur la prem. page) : *Petrus Joannes Parochus friburgen.* Au bas : *Petri de Lambert episcopi Maurianen...* (Maurianensis). Sur la garde : armoiries d'un prince de la famille royale d'Angleterre.

Cat. A, 98; B, 21.

21. PRECES PIÆ. — XIVe siècle (haut. 120 mill. larg. 85 mill.); 248 ff. Rel. peau gauffrée sur bois, avec agrafes en laiton, dos refait, tr. brunies.

Manuscrit sur vélin. Six grandes miniatures : *la Nativité*, *l'Annonciation, la Visitation, Vision de Saint Joseph, Nativité, la Vierge tenant l'Enfant qui couronne un moine.* Soixante six pages avec ornements; écriture sur deux colonnes; corrections du texte à l'encre rouge, dans les marges. A la fin, hymne en latin, écriture et ornementation à la plume, du xve siècle. Manuscrit fort curieux et d'une conservation parfaite.

Cat. A, 114; B, 9.

22. HEURES. — XIVe siècle (haut. 135 mill., larg. 185 mill.); 134 ff. Rel. du XVIIe s. mar. brun, fil. sur plat, dos, pet. fers. tr. dor.

Manuscrit français sur vélin. Quatre miniatures du XVIIe siècle : au commencement *Monogramme du Christ, Sainte Anne;* à la fin *Saint Simon, Monogramme de la Vierge.* Calendrier. Trois miniatures sur fond à damier : *Annonciation, Salvator Mundi, Funérailles.* Nombreuses lettres filigranées à antennes, rouges, noires, bleues et dorées.

Cat. A, 83; B, 3.

23. HEURES. — Commencement du XVe siècle (haut. 195 mill., larg. 135 mill.); 178 ff. Rel. du XVIIIe siècle; mar. brun, avec encadrement; aux quatre coins, chiffre du Christ et de la Vierge, au centre les armes des Boulin, couronne de comte, tr. dor.

Manuscrit sur vélin. Calendrier. Quatre grandes miniatures intéressantes: *l'Annonciation, David, Funérailles, Dame en prière dans la campagne invoquant Saint François recevant les stigmates; près de la dame ses armoiries : émanché d'or et d'azur de trois pièces*. Neuf grandes initiales ornées avec dorure.

Au commencement, sur sept feuillets de papier, généalogie de la famille Boulin (Tours et Paris), qui porte : *d'azur au revers d'or, accompagné en chef de trois roses mal ordonnées d'argent, et en pointe d'un lis de même.*

Cat. A, 82 ; B, 28.

24. HEURES LATINES. — XVe siècle (haut. 170 mill., larg. 120 mill.); 153 ff. Rel. velours rouge, fragments de fermoir argent, tr. dor.

Manuscrit français sur vélin avec les titres en français. Calendrier. Vingt-six miniatures, camaïeux gris sur fonds à damiers ou diaprés : *la Transfiguration, la Vierge à la donataire, la Pentecôte, la Trinité, Saint Michel, Saint Jean-Baptiste, Saint Jean l'Evangéliste, Saint Christophe, Saint Eustache, Sainte Anne, Sainte Catherine, Sainte Marguerite, l'Annonciation, la Visitation* (lettre ornée), *la Nativité, les Bergers, l'Adoration des mages, la Présentation, la Fuite en Egypte, le Couronnement de la Vierge, le Christ, la Crucifixion, Funérailles, Sainte Magdeleine, les Instruments de la Passion, Sainte Anne avec la Vierge et Saint Joachim.* — Nombreuses et belles initiales ornées à antennes. Plusieurs *Prières* en vers français, entre autres : *les Heures de la Passion*, la prière *Theophilus, l'Oraison de Notre-Dame, l'Ave Maria* paraphrasé ; une *prière à Saint Pierre de Luxembourg* prouve que ces Heures sont postérieures à 1389, date de la mort de ce cardinal.

Cat. A, 103 ; B, 73.

25. PRECES PIÆ. — XVe siècle (haut. 104 mill., larg 90 mill.): 168 ff. Rel. peau rouge. dent. tr. dor.

Manuscrit flamand sur vélin. d'une bonne conservation,

malgré quelques piqûres. Calendrier. Quinze miniatures : *Christ en croix*, *Jésus et les docteurs*, *Vierge à l'enfant*, *Annonciation*, *Visitation*, *Adoration des bergers*, *Appel des Bergers*, *les Mages*, *Circoncision*, *les Saints Innocents*, *la Fuite en Egypte*, *Couronnement de la Vierge*, *David*, *Lazare*, *Saint Jérôme*. Lettres initiales or et couleurs.

Cat. A, 26 ; B, 1.

26. PRECES PIÆ. — XVe siècle (haut. 130 mill., larg. 90 mill.) : 129 ff. Rel. mar. noir. tr. r., traces de fermoir.

Manuscrit français sur vélin. Calendrier. Quinze miniatures : *Saint Jean*, *Annonciation*, *Visitation*, *Crucifixion*, *Pentecôte*, *Nativité*, *les Bergers*, *les Mages*, *Circoncision*, *Fuite en Egypte*, *Couronnement de la Vierge*, *David*, *Job* ; la quinzième miniature représente *les Donataires*. Un personnage, assisté de Sainte Anne, est coiffé par un bourreau d'un casque rougi au feu. Au-dessous, en prière, les deux donataires avec un écusson : *de gueules au casque de sable ou d'argent*. On trouve à la fin du livre une prétendue explication des armes et du casque rougi.

Ce manuscrit aurait appartenu à Hippolyte de Jauze.

Cat. A, 105 ; B, 2.

27. PRIÈRES *en latin et hollandais*. — XVe siècle (haut. 190 mill., larg. 130 mill.) ; 120 ff. Rel. mar. br., gardes velin blanc, aux armes d'A. Brolemann (L. Guétant).

Manuscrit sur vélin. Trois miniatures ; dix-sept pages avec de riches ornements et encadrements. Le vélin est un peu terni.

Ex libris : Antonius Caron, canonicus Atrebaten (Arras), 1689.

Cat. A, 33 ; B, 110[4].

28. ORAISONS A LA VIERGE, DE SAINT BERNARD, DE SAINT AUGUSTIN, etc. — XVe siècle ; 377 ff. Rel. peau brune gaufrée, plats bois, fermoirs en cuivre anciens.

Manuscrit allemand, sur papier, écrit en flamand et en vieil allemand. Calendrier. Deux feuillets vélin peints ; dix autres feuillets vélin avec des ornements.

Cat. A, 212 ; B, 109.

29. HEURES EN LATIN. — XVe siècle (haut. 190 mill., larg. 125 mill.) ; 150 ff. Rel. plats bois, peau brune gaufrée, fermoirs métal.

Manuscrit sur vélin. Calendrier. Douze grandes miniatures ; *Saint Jean, l'Annonciation, la Nativité, les Bergers, l'Adoration des mages, la Présentation, la Fuite en Egypte, le Couronnement de la Vierge, la Crucifixion, la Pentecôte, le Roi David, Job ;* dix-huit petites miniatures.

Quelques pages manquent à la fin, mais le reste est dans un bel état de conservation.

Cat. A, 81 ; B, 108.

30. MISSALE. — XVe siècle (haut. 370 mill., larg. 260 mill.) ; 340 ff. Rel. anc. réparée, plats

bois, peau brune gaufrée, agrafes sur courroies, tr. d'or avec traces de ciselures.

Manuscrit italien sur vélin. Calendrier. Belle écriture, noire et rouge, sur deux colonnes. Une grande miniature sur fond or : *le Christ en croix, au pied la Vierge et Saint Jean;* dix-neuf petites miniatures formant initiales ornées; décoration un peu lourde.

Au bas de la première page, armoiries : *parti : d'or à la tête de lion arrachée de sable, lampassée de gueules; au chef cousu d'or, chargé d'une aigle couronnée de sable (qui est de Bichi); et coupé de gueules au chef d'or et de gueules au lion issant d'argent chargé d'un lambel d'azur à quatre pendants.*

Ce volume a appartenu à un membre de la famille du cardinal Bichi.

Vente Didier-Petit, n° 356.

Cat. A, 136; B, 105.

31. HEURES. — XVe siècle (haut. 190 mill., larg. 130 mill.); 182 ff. Rel. bas.

Manuscrit sur vélin. Calendrier. Encadrements très fins sans personnages. Sur la première page, la dernière et les pages 221 à 226, des notes curieuses, politiques et humoristiques ont été écrites, en 1798, par un Lyonnais qui avait pour initiales J.-B. (voir la table au verso du dernier feuillet). Deux pages lacérées.

Ex libris de J.-L. Béraud.

Cat. A, 32; B, 85.

32. PRECES PIÆ. — XVe siècle (haut. 175 mill., larg. 125 mill.); 80 ff. Rel. du XVIIe. Rel. peau verte, fil. fleurons sur les plats, tr. dor.

Manuscrit flamand sur vélin. Calendrier. Deux grandes

miniatures : *la Trinité* et *la Résurrection de Lazare*. Dix-neuf grandes initiales à figures de *Saints*, en camaïeux gris avec fonds damiers; les ornements des pages et les petites initiales ne sont pas exécutés avec le même soin.

Cat. A, 34 ; B, 75.

33. PRECES PIÆ. — XVe siècle (haut. 160 mill., larg. 115 mill.); 222 ff. Rel. anglaise, veau fauve frappé, fil. noir dos uni, tr. dor.

Manuscrit sur vélin, écrit en caractères fins sur deux colonnes. Vingt-sept miniatures; petits ornements couleur et or (une page déchirée).

Armoiries : *écartelé, au 1 et 4, d'argent, au lion de gueules, et, au 2 et 3, d'or, à trois fasces ou devises d'azur*. Ces armoiries sont répétées plusieurs fois dans les ornements et, une fois, avec les attributs ecclésiastiques.

Cat. A, 39 ; B, 69.

34. HEURES *latines et flamandes*. — XVe siècle (haut. 165 mill., larg. 115 mill.): 131 ff. Cartonné, tranches rouges.

Manuscrit sur vélin. Calendrier avec un Saint pour chaque jour. A chaque feuillet ornements dessinés avec goût ; 25 pages peintes. Au commencement, trois pages avec notes concernant la famille Van Garsbeck.

Cat. A, 43 ; B, 68.

35. HEURES. — XVe siècle (haut. 170 mill., larg. 115 mill.): 205 ff. Rel. peau brune.

Manuscrit flamand sur vélin en langue flamande. Calendrier. Quatre grandes miniatures : *l'Annonciation, la Pentecôte, le Jugement dernier, Résurrection de Lazare.* Trente-trois pages avec ornements : 105 pages avec initiales dorées.

Bonne conservation.

Cat. A. 44 ; B, 67.

36. PONTIFICAL. — XVe siècle (haut. 280 mill., larg. 210 mill.) : 176 ff. Rel. peau jaune. gaufrée sur plats bois, tr. dor.

Manuscrit français sur vélin, d'une écriture inégale, musique notée. Six pages avec miniatures et encadrements peints et dorés avec des grotesques bien dessinés ; armoiries surmontées d'une mitre : *d'azur à la fleur de lis d'argent en abîme accostée de deux perruches aussi d'argent becquées et membrées d'or.* — Quatre pages encadrées d'ornements dont les miniatures ont été coupées. — Seize pages avec ornements et initiales dorées. Trois feuillets de garde rayés, soit six pages à deux colonnes, qui ont été probablement réservées pour le Calendrier.

Cat. A, 24 ; B, 57.

37. PRECES PIÆ. — XVe siècle (haut. 255 mill., larg. 175 mill.) ; 166 ff. Rel. peau br. gaufrée. restaurée.

Manuscrit français sur vélin. Calendrier. Seize grandes miniatures : *Saint Jean, Saint Luc, Saint Mathieu, Saint Marc, la Visitation, les Bergers, la Nativité, l'Adoration des mages, la Présentation, la Fuite en Egypte. le Couronnement de la Vierge. David, la Crucifixion, la Trinité. la Mise au tombeau, Funérailles.* Encadrements remarquables, quelques fonds en damier ; ornements à chaque page ; petites initiales or et couleur. Les miniatures, surtout les premières, ne paraissent pas être toutes de la même époque ou de la même main.

Cat. A, 202; B, 56.

38. PRECES PIÆ. — XVe siècle (haut. 180 mill., larg. 120 mill.); 277 ff. Rel. velours mordoré, tranches brunies.

Manuscrit sur vélin. Trente-huit miniatures en grisaille sur fond damier, dans un encadrement quadrilobé : *la Visitation, la Nativité* (très fatiguée), *les Bergers, l'Adoration des mages, la Fuite en Egypte* (bel état), *Salvator mundi, la Crucifixion* (fond diapré), *la Trinité, la Vierge mère, le Jugement dernier, Funérailles, Saint Michel, Saint Jean-Baptiste, Saint Pierre, Saint Paul, Saint André, Saint Jean l'Evangéliste, Saint Jacques, Saint Thomas, Saint Philippe et Saint Jacques, Saint Barthélemy, Saint Mathieu, Saint Simon et Saint Jude, Saint Mathias, Saint Barnabé, Saint Luc, Saint Marc, Saint Etienne, Saint Georges, Saint Martin, la Trinité, la Nativité, l'Assomption, Sainte Anne, Sainte Catherine, la Toussaint.* Manqueraient : le Calendrier et la miniature de *l'Annonciation.* Aux dix derniers feuillets, *Prière à la Vierge,* en vers français.

Armoiries plusieurs fois répétées : *parti, d'azur à trois clefs d'or, posées 2 et 1; et d'or à trois chevrons de sable, sommés d'un lambel de gueules à trois pendants.* Autres : *parti, d'azur à trois clefs d'or; et d'argent, à la bande d'azur chargée d'un oiseau d'argent.*

Cat. A, 88; B, 43.

39. PRECES PIÆ. — XVe siècle (haut. 130 mill., larg. 125 mill.); 152 ff. Rel. velours noir, tr. dor.

Manuscrit sur vélin. Calendrier. Treize grandes miniatures

exécutées par un artiste habile : *la Visitation, la Nativité, les Bergers, l'Adoration des mages, la Présentation, la Fuite en Egypte, le Couronnement de la Vierge, David, la Crucifixion, la Pentecôte, Pieta, Funérailles, Vierge au panier fleuri.* Encadrements très fins avec des ors brunis.

Cat. A, 200 ; B, 35.

40. PRECES PIÆ. — XVe siècle (haut. 190 mill., larg. 135 mill.); 117 ff. Rel. du XVIIIe, mar. r., tr. dor.

Manuscrit sur vélin. Quatorze miniatures : *le Christ au tombeau, la Pentecôte, la Vierge à la pomme, Jésus au Jardin des Oliviers, le Baiser de Judas, Jésus devant Pilate, la Flagellation, le Portement de la croix, la Crucifixion, la Descente de croix, la Mise au tombeau, le Couronnement de la Vierge, le Christ au Jugement dernier, Funérailles.* Fonds diaprés. Quatorze pages avec encadrements et initiales ornées.

Au verso du premier feuillet de garde, on lit : « *à son excellence monseigneur de Beauharnois, ambassadeur de France en Espagne, 1806.* »

Cat. A, 217 ; B, 34.

41. PRECES PIÆ. — XVe siècle (haut. 215 mill.); 135 ff. Rel. anc., restaurée (Guétant), v. br. frappé or; sur le plat, médaillon, compartiments avec feuillage et têtes d'ange, tranches dorées.

Manuscrit sur vélin. Très beau calendrier. Dix-sept grandes figures : *Saint Jean, Saint Luc, Saint Mathieu, Saint Marc, l'Annonciation* (figure de la Vierge effacée), *la Visitation, la Nativité, les Bergers, l'Adoration des Mages, la Présentation au temple, la Sainte Famille, le Portement de croix, la Pentecôte, la Vierge glorieuse, David, Job.* Une page avec une lettre ornée représentant *la Vierge-Mère;* cinq pages avec figures de *Saints* de moyenne grandeur.

Cat. A, 102 ; B, 27.

42. PRECES PIÆ. — XVe siècle (haut. 190 mill., larg. 130 mill.); 194 ff. Rel. v. bronze, fil. or., tr. dor. sur le dos: PRECES PIÆ.

Manuscrit sur vélin. Calendrier. Quatorze grandes miniatures : *Saint Jean, l'Annonciation, la Visitation, la Nativité, les Bergers, l'Adoration des Mages, la Présentation, la Fuite en Égypte, le Couronnement de la Vierge, David, la Crucifixion, la Pentecôte, Funérailles, la Vierge aux Anges.* Ces miniatures sont ornées de motifs d'architecture; belles initiales dorées. A la fin : *Prière à la Vierge*, en français.

Le premier feuillet du calendrier a été raccommodé.

Cat. A. 110; B, 24.

43. PRECES PIÆ. — XVe siècle (haut. 195 mill., larg. 140 mill.); 235 ff. Rel. mar. liègeois r. fil. et grecques dor., gardes en moire gros bleu. tr. dor. sur le dos; HORÆ VIRGINIS.

Manuscrit sur vélin. Calendrier. Douze grandes miniatures : *l'Annonciation, la Nativité, les Mages* (deux miniatures), *la Présentation, la Fuite en Égypte, le Couronnement de la Vierge, le Christ au tombeau, David, la Vierge et l'Enfant dans une prairie, le Christ devant Pilate, Funérailles.* Tous les feuillets sont ornés de fins encadrements avec fleurs et oiseaux.

A la fin, nombreuses *Prières* en français; la dernière est : *contre gloutonnerie.*

Ce manuscrit d'origine belge aurait appartenu à la famille d'Albe.

Cat. A, 166; B, 23.

44. HEURES — XVe siècle (haut. 200 mill., larg. 130 mill.); 151 ff. Rel. du XVIIe siècle, peau brune avec coins et médaillons, tr. dor.

Manuscrit sur vélin. Calendrier. Quatorze grandes miniatures d'une exécution sommaire : *la Crucifixion*, *la Pentecôte*, *la Vierge aux Anges*, *l'Annonciation*, *la Visitation*, *la Nativité*, *les Bergers*, *l'Adoration des Mages*, *la Présentation*, *les Saints Innocents*, *la Fuite en Égypte*, *le Couronnement de la Vierge*, *David*, *Lazare*. Quatorze miniatures de saints, encadrées d'ornements; quatorze pages avec grandes lettres; ce manuscrit est bien conservé.

Sur la première garde, *ex libris* de Gilbert-Paul Aragonnès d'Orcet, évêque de Langres, de 1824 à 1832.

Sur la garde à la fin du volume, se trouvent les notes suivantes écrites et signées par « Pierre Guyot de Giey, à Langres » : « Ce livre gothique a appartenu à la famille Andrieu de Torney, descendante de Roussat, connue par sa correspondance avec Henri IV. — J'ai payé ce précieux manuscrit à mon frère puiné qui le possédait par succession du testament de M. Andrieu de Torney, dont il a épousé la nièce. »

Cat. A, 30; B, 22.

45. HEURES FLAMANDES. — XVe siècle (haut. 200 mill., larg. 130 mill.): 133 ff. Rel. mar. r. fil., couronnes de vicomte aux quatre coins des plats.

Manuscrit sur vélin, en langue flamande. Calendrier. Huit

grandes miniatures : *la Nativité*, *Sainte Anne*, *Saint Roch*, *l'Adoration des Mages*, *la Crucifixion*, *la Trinité*, *la Pentecôte*, *Funérailles*. Écriture en noir et rouge; lettres bleues à antennes.

Rare et en bel état.

Cat. A, 48; B, 20.

46. HEURES. — XVe siècle (haut. 100 mill., larg. 70 mill.); 194 ff. Rel. du XVIIe siècle; mar. rouge.

Manuscrit flamand sur vélin. Calendrier avec de curieux emblèmes. Dix-neuf miniatures. A la fin, se trouve une *Histoire de Sainte Marguerite*, en vers français. Au bas de la miniature de *l'Annonciation*, armoiries : *d'azur à la croix d'argent, cantonnée de quatre toupies d'or*, et la devise : *En espérance*. Au bas de la miniature de *Saint Sébastien*, armoiries : *écartelé, au 1 et 4, d'or au lion de gueules, et, au 2 et 3, de gueules à la tour d'or à la porte de sable;* supports, deux lions. Les initiales B. T. sont répétées dans les encadrements des miniatures.

Ex libris de : Jacques Toupin, notaire; Robert Nytéon; Athanase, garçon épicier, 1749; cat. Yemenitz.

Cat. A, 123; B, 12.

47. HEURES. — XVe siècle (haut. 120 mill., larg. 90 mill.); 212 ff. Rel. veau marbré, dos refait, avec ce titre : *Office de l'Église*, tr. dor.

Manuscrit allemand sur vélin. Calendrier, manque le mois de janvier. Neuf grandes miniatures : *la Visitation*, *la Nativité*, *les Bergers*, *l'Adoration des Mages*, *la Présentation*, *David*, *la Crucifixion*, *la Pentecôte*, *l'Ensevelissement*.

Ce qui rend ce manuscrit curieux, ce sont les cartouches

grotesques, accompagnant des jetés de plume légèrement rehaussés de couleurs; on en compte plus de trois cents et ils ont été exécutés par une main habile. Le dernier surmonte les mots : *missa de sancto. Amen.*

Cat. A, 178; B, 10.

48. PRECES PIÆ. — XVe siècle (haut. 130 mill., larg. 90 mill.); 234 ff. Rel. du XVIIe siècle; s. mar. rouge; sur les plats la *Crucifixion* et l'*Annonciation;* dos à compartiments ornés de fleurs de lis, tr. dor.

Manuscrit sur vélin très fin. Calendrier. Douze grandes miniatures exécutées probablement par plusieurs artistes : *l'Annonciation, la Visitation, la Nativité, l'Annonciation aux Bergers, l'Adoration des Mages, la Présentation, la Fuite en Égypte, le Couronnement de la Vierge, David, la Crucifixion, la Pentecôte, les Funérailles.* Miniatures d'une grande finesse; quelques-unes un peu fatiguées. Nombreuses pages avec ornements, oiseaux et fleurs; lettres initiales très soignées, même dans le calendrier, peintes et rehaussées d'or; écriture soutenue et élégante.

La première page est ornée d'une armoirie : *d'azur, à la fleur de lis d'or en abîme, accompagnée de trois écussons d'argent.* Devise : *Quæ peperit florem det nobis floris odorem.*

Vente Techener, 1847. — Exposition rétrospective de Lyon.

Cat. A, 187; B, 6.

49. PRECES PIÆ. — Fin du XVe siècle (1495) (haut. 180 mill., larg. 145 mill.): 249 ff. Rel. peau br. gaufrée, plats bois, traces de fermoirs.

Manuscrit en latin d'une écriture allemande; les figures

sont naïves. Trente-deux pages avec initiales, ornements et figures; grand nombre d'initiales bleues, rouges et noires.

Au verso de l'avant-dernier feuillet, la date de la naissance, 7 février 1449. et les dates importantes de la profession de Marguerite Widmennen de l'ordre des Frères Prêcheurs (dominicaine) du monastère de Sainte-Agnès. à Strasbourg. Au dernier feuillet une note dit que ce manuscrit a été écrit par Marguerite Widmennen en 1495.

Ce manuscrit est d'une belle conservation et d'un type peu commun.

Acheté au village de Schilligheim, près de Strasbourg, en 1841.

Cat. A, 47; B, 87.

50. HEURES EN LATIN ET EN FRANÇAIS. — Fin du XVe siècle (haut. 170 mill., larg. 125 mill.); 114 ff. Rel. peau, plats frappés, tr. dor.

Manuscrit sur vélin. Calendrier. Quatorze grandes miniatures : *Saint Jean*, *Saint Luc*, *Saint Mathieu*, *Saint Marc*, *l'Annonciation*, *la Visitation*, *la Nativité*, *les Bergers*, *les Mages*, *la Présentation*, *la Fuite en Égypte*, *le Couronnement de la Vierge*, *le roi David*. *la Crucifixion*, *la Pentecôte*, *Funérailles*, *la Vierge aux Anges*. Ornements à chaque page; bonne écriture, encre un peu pâle.

Cat. A, 50; B, 76.

51. DIOGENIS, ARTAXERXIS, HIPPOCRATIS, ATQUE, BRUTI, EPISTOLÆ. — 72 ff. Rel. anc., tr. dor.

Manuscrit napolitain sur vélin blanc. écrit en caractères romains très réguliers. Grand nombre d'initiales en or bruni.

Sur la première page dans un encadrement : *Élégie de*

François Arétin dédiée à Pie II pont. max. et des armoiries : *d'argent à la fasce de gueules*. A la fin : *1468. Neapoli.*
Cat. A, 205; B, 92.

52. HEURES. — XVe siècle (haut. 190 mill., larg. 140 mill.); 135 ff. Rel. velours cramoisi, tr. dor.

Manuscrit sur vélin, en latin et en français. Calendrier. Trois grandes miniatures : *l'Annonciation*, *Funérailles*, *la Vierge à la rose*. A toutes les pages. ornements et initiales, couleur et or. Quatre pages avec ornements et initiales très riches. *Prière à la Vierge* en français.

Bien conservé, marges intactes.

Exposition rétrospective de Lyon.

Cat. A, 86; B, 25.

53. BRÉVIAIRE. — Fin du XVIe siècle (haut. 260 mill., larg. 185 mill.); 482 ff. Rel. peau br. gaufrée avec fleurs de lis et autres symboles, fermoirs en cuivre gravé et ciselé avec les noms de *Jesus Maria*.

Manuscrit espagnol sur vélin. Calendrier. Trois grandes miniatures d'un beau caractère : *l'Annonciation*, *le Christ sortant du tombeau*, *la Mort de la Vierge*. Initiales à antennes, or et couleur; très belle écriture en noir, rouge et bleu.

Ce manuscrit, très bien conservé, aurait appartenu à des Frères Prêcheurs.

Cat. A, 20; B, 58.

54. HEURES. — XVe siècle (haut. 200 mill.,

larg. 140 mill.); 75 ff. Rel. veau violet frappé, fil. dor., tr. dor. (Dauphin).

Manuscrit sur vélin, probablement espagnol. Calendrier. Six grandes miniatures : *la Crucifixion, la Pentecôte, la Vierge aux Anges, l'Annonciation, le Jugement dernier.*

Ces miniatures sont traitées sommairement, sans détails, ni modelé. A la fin, deux petites miniatures. Quelques motifs dans les encadrements, fraises, violettes, ancolies et animaux sont très bien exécutés.

Cat. B, 51.

55. HEURES. — XVIe siècle (haut. 145 mill., larg. 100 mill.); 153 ff. Rel. cuir de Russie brun, fil. dent. intérieures (Bruyère).

Manuscrit sur vélin. Trente-deux miniatures : *l'Annonciation, la Visitation, le Baiser de Judas, la Pentecôte, Princesse devant Sainte Catherine, la Nativité, le Christ devant Pilate, l'Ascension, Sainte Catherine d'Alexandrie devant son père, les Bergers, la Flagellation, la Pentecôte, Sainte Catherine battue de verges, l'Adoration des Mages, le Portement de croix, le Christ prêchant* (très curieuse), *Sainte Catherine en prison, la Présentation, la Crucifixion, la Fontaine d'eau vive, Sainte Catherine précipitée dans les flammes, la Fuite en Égypte, la Descente de croix* (belle miniature), *Trois Saints, la Décollation de Sainte Catherine, le Couronnement de la Vierge, la Résurrection, le Jugement dernier, la Mise au tombeau de Sainte Catherine, le roi David, les Trois jeunes Hommes et la Mort, Funérailles.*

Les premières miniatures sont fatiguées, mais toutes sont originales et d'un bon style. Les épisodes de la vie et du martyre de Sainte Catherine sont mises en regard des scènes de la Passion avec d'ingénieux rapprochements.

De plus, cent vingt-trois feuillets encadrés d'ornements

avec animaux et personnages, perdrix, singes, fouines, cerfs, licornes, grenouilles, lions et chimères.

Cat. A, 221; B, 70.

56. PRECES PIÆ. — XVIe siècle (haut. 250 mill., larg. 170 mill.); 105 ff. Rel. anc. br. fleurdelisée, dos refait, tr. dor.

Manuscrit bourguignon sur vélin. Calendrier. Vingt et une miniatures, dont les plus importantes sont : *le Martyre de Saint Jean l'Évangéliste* (en regard, armoiries parties des Champion et des Minard), *l'Annonciation* (en regard, portrait remarquable de N. Champion d'Auxerre ou d'Avallon), *le Portement de croix, la Fuite en Égypte, David et Bethsabée, l'Ensevelissement.*

Sur le premier feuillet au recto, à un arbre fruité sont suspendus deux écussons; celui des Champion : *de gueules à l'homme sauvage armé d'une massue et d'un bouclier d'or,* et celui des Minard : *de sable au chat assis d'argent;* au verso, *Almanach pour vingt-deux ans,* de 1518 à 1539. En *mars,* une vignette représente *la taille de la vigne.* A la fin, *Prières* en français, la première est « *Oraison à notre dame la ou on en peult gaigner XI mille ans de pardon quant on la dit devant l'ymaige de la Vierge Marie estant en un soleil.* »

Cat. A, 206; B, 55.

57. PRECES PIÆ. — XVe siècle (haut. 120 mill., larg. 85 mill.); 254 ff. Rel. remarquable du XVIe siècle sur mar. vert. dent. et pet. fers sur le plat et au dos, tr. dor.; fermoirs coquille argent. Sur les deux plats, au centre, les initiales R. B.

Manuscrit sur vélin. Calendrier. Quarante et une pages sont ornées de figures ou de miniatures : *Saint Jean, fol. 1;*

Saint Luc, 2; *Saint Mathieu*, 3; *Saint Marc*, 7; *l'Annonciation*, 7; *la Visitation*, 26; *l'Arrestation de Jésus*, 43; *la Pentecôte*, 43; *la Sainte Famille*, 47; *Jésus devant Pilate*, 53; *l'Annonciation aux Bergers*, *le Portement de croix*, 62; *l'Adoration des Mages*, 64; *Jésus crucifié*, 69; *la Dispersion des Apôtres*, 71; *la Circoncision*, 72; *Jésus percé de la lance*, 77; *la Fuite en Égypte*. 80; *la Descente de croix*, 91; *le Couronnement de la Vierge*, 94; *la Mise au tombeau*, 100; *la Mère de Pitié*, 103; *la Vierge et Saint Jean*, 109; *la Renonciation de la Vierge*, 113; *Figure de la Vierge*, 124; *deux Anges, la Vierge et l'Enfant*, 136; *le Roi David*, 141; *Job*, 177; *Saint Jacques*, 236; *Saint Sébastien*, 237; *Saint Julien*, 238; *Saint Christophe*, 241; *Saint François*, 242; *Marie-Madeleine*, 244; *Sainte Catherine d'Alexandrie*, 245; *Sainte Catherine de Sienne*, 246; *Sainte Barbe*, 248; *Sainte Aimée*, 250; *Suzanne au bain*, 251; *Saint Michel*, 252; *Sainte Anne*, 254.

508 pages avec ornementations, fleurs et oiseaux; nombreuses petites lettres ornées. *Ex libris* sur la première garde, un nom effacé à l'encre noire et que l'on pourrait lire : Marie Bandart, avec la devise : *Sit nomen Domini benedictum*. Les deux initiales R. B., sur le plat, peuvent être celles de la personne à laquelle ce manuscrit a appartenu. Quelques experts ont lu *Regina Britania*; ces initiales et la lettre M répétée et peinte dans les marges, au milieu des miniatures, leur ont permis de supposer que ce manuscrit avait été au nombre des livres de piété de Marie Stuart qui eut la tête tranchée, le 18 février 1587. On remarque, pages 8, 9, 166 et 167, quelques lignes ajoutées dans la marge en latin et en italien. Marie Stuart savait plusieurs langues.

Cat. A, 209; B, 7.

58. HEURES DE LA VIERGE. — XVe siècle (haut. 190 mill., larg. 180 mill.); 225 ff. Rel. pauvre, grise, tr. blanches.

Manuscrit sur vélin. Calendrier, avec de beaux encadrements; signes du zodiaque. Douze miniatures : *la Vierge aux cerises*, *l'Annonciation* (écussons en blanc), *la Visitation*, *la Nativité*, *les Bergers*, *l'Adoration des Mages*, *la Présentation*, *la Fuite en Égypte*, *David*, *la Crucifixion*, *la Pentecôte*. *Funérailles;* fort belles miniatures, fines et naïves. Quatre pages avec initiales et ornements; petites figures. Tous les feuillets sont avec marge ornée.

Conservation parfaite.

Cat. A, 29; B, 42.

59. HEURES FLAMANDES. HOLLANDAISES. — XVe siècle (haut. 160 mill., larg. 115 mill.): 225 ff. Rel. en étoffe dorée, sur plats bois, tr. dor.

Manuscrit sur vélin. Calendrier. Neuf pages ornées de riches miniatures sur fond or bruni ou avec perspectives d'une composition originale : *l'Annonciation*, *la Nativité*, *le Jugement dernier*, *Funérailles*, *l'Adoration des Mages*. Initiales ornées de très nombreux sujets, traités d'une manière très délicate; écriture régulière.

Avant la *Nativité*, quatre pages de vélin blanc; sur la première se trouve la note suivante en hollandais : « *Au premier de novembre 1643, nouveau style, nous Jacob Frédéric Van Renesse van Haer, seigneur de Grypskerchen en Poppendamme, et Margarita de Jonge van Baertwye avons été unis par les liens du mariage et avons reçu la sainte bénédiction du T. R. P. Boudewyn, prêtre catholique romain de l'église Saint-Jésus; un dimanche et le troisième jour après mariés devant le magistrat de La Haye. Dieu nous donne sa bénédiction!* »

A la fin trois feuillets sont couverts de notes généalogiques, en langue hollandaise, sur la famille de Renesse, de 1578 à 1653.

Rare et en bonne conservation.

Cat. A, 37; B, 40.

60. MANUALE PRECUM. — Fin XVe siècle

(haut. 185 mill., larg. 130 mill.); 110 ff. Rel. mar. rouge, dent. dor., tr. dor.

Manuscrit sur vélin. Calendrier. Vingt grandes miniatures d'un travail grossier, mais d'une composition pittoresque : *Saint Jean, Saint Luc, Saint Mathieu, Saint Marc, la Crucifixion, la Pentecôte, la Vierge mère avec un Ange, la Mère de Pitié, la Vierge et Saint Jean, l'Annonciation, la Visitation, la Nativité, les Bergers, l'Adoration des Mages, la Présentation, les Saints Innocents, la Fuite en Égypte, le Couronnement de la Vierge, David, Funérailles.* Seize petites miniatures représentant des *Saints.*

Au verso du premier feuillet un lis dans un encadrement avec cette devise : *plus penser que dire;* initiales *A. V.*

Cat. A, 129; B, 31.

61. Traité du Péché. — Fin xve siècle (haut. 155 mill., larg. 110 mill.). Rel. peau.

Ce manuscrit est écrit en allemand sur papier, à l'encre noire et rouge.

C'est un recueil de Traités sur *le Péché, la Simonie, l'Obéissance,* etc.

Cat. B, 90.

62. Office de Marie. — Fin xve siècle (haut. 180 mill., larg. 130 mill.); 130 ff. Rel. mar. n., tr. dor. au dos : *Offic. Mariæ.*

Manuscrit sur vélin. Calendrier. Onze miniatures : *l'Annonciation, la Visitation, la Pentecôte, les Bergers, l'Adoration des Mages, la Présentation, la Fuite en Égypte, le Couronnement de la Vierge, le Jugement dernier, Job, Sainte Marguerite.*

A la fin : *Vie et Martyre de Sainte Marguerite,* en vers français.

Cat. A, 59; B, 62.

63. ÉVANGILE ET LÉGENDE DES SAINTS. — Fin XVe siècle; 220 ff. Rel. sur bois p. brune gaufrée, mauvais état, dos refait.

Manuscrit flamand sur vélin. Cent soixante-seize miniatures : *le Christ, la Vierge, Saints et Saintes;* travail exécuté par une main habile. Très nombreuses initiales en couleur. Sur la dernière page, on lit : « *L'an mil quatre cent quatre-vingt-dix-sept le XVIIe jour de février à trois heures après midy et ung jour de vendredi nasquit Charlote de la Roche et fut son parrein Monsr de Clermont Charles s^r de Bourbon et marrènes mes damoiselles de Pontgibaud et de Flourac.* »

Cat. A, 31; B, 26.

64. LOCI COMMUNES DOCTRINÆ. CHRISTIANÆ DOCTORIS MARTINI LUTHERIS. — 1583 (haut. 130 mill., larg. 100 mill.); 49 ff. Rel. vélin blanc, filets, armes d'A. Brolemann sur les plats, tr. dor. (L. Guétant).

Manuscrit allemand sur vélin, d'une écriture correcte, noire et or; chaque page est réglée. Un frontispice et douze miniatures.

Sur les gardes, au commencement et à la fin, notes généalogiques sur la famille Schlaaff.

Cadeau fait, en 1841, par M. Leykauff à A. Brolemann.

Cat. A, 53; B, 110 *bis*.

65. HEURES. — XVIe siècle (haut. 165 mill., larg. 120 mill.); 97 ff. Rel. du XVIIe siècle, mar. rouge fil. sur les plats tr. dor.

Manuscrit sur vélin. Calendrier avec encadrements et sujets. Douze grandes miniatures : *Saint Jean*, *le Baiser de Judas*, *la*

Vierge allaitant l'Enfant, la Visitation, les Bergers, la Nativité, l'Adoration des Mages, la Fuite en Égypte, le Couronnement de la Vierge, la Crucifixion, la Pentecôte, Funérailles. Trente-six petites miniatures de *Saints.*

A la fin, *Prières*, sur trois feuillets, d'une écriture du dix-septième siècle.

En regard de *la Crucifixion*, l'écrivain a tracé ces lignes : « *Ces heures sont et appartiennent à Maistre Jehan de Launay, procureur en parlement.* » On y a ajouté ce qui suit : « *et après son décès ont appartenu à Me Guillaume Ledenoys et Nicolle de Launay sa femme et par leur décès à Me Jehan de Viliers et Jehanne Ledenoys sa femme qui l'ont donné à Marie de Viliers leur fille, femme de Me Louis Grey, procureur au Parlement, laquelle de Viliers avant son décès l'a donné à Me Martin Grey son fils dudit défunt Grey, aussi procureur audit Parlement et Marguerite du Breul, la jeune, sa femme, en l'année 1620 et à présent à Philippes de Boufflers.* »

Cat. A, 108; B, 38.

66. PRECES PIÆ. — XVIe siècle (haut. 230 mill., larg. 155 mill.); 80 ff. Rel. mar. plein violet, fil. dent., tr. dor., dos orné (Koehler).

Manuscrit allemand sur vélin très fin. Calendrier, 24 pages avec 4 miniatures à chaque page. Dix-neuf grandes miniatures assez naïves : *la Création de la femme, Saint-Jean, Adam et Ève chassés de l'Eden, l'Annonciation, la Visitation, la Nativité, les Bergers, l'Adoration des Mages, la Présentation, les Saints-Innocents, le Couronnement de la Vierge, Seigneurs devant le Christ, la Crucifixion, le Christ au Purgatoire, la Pentecôte, David et Goliath, David et Bethsabée, le Bon et le Mauvais Riche, Job.* Grand nombre de petites et moyennes miniatures. Toutes les pages sont avec encadrement riche et varié; à remarquer une série de paysages avec singes, canards et grotesques.

Provenant de la vente de Barre, pharmacien à Lyon, acheté par Cailhava, qui l'a vendu à Techener. Vente publique de

Techener, octobre 1845, n° 19; acheté par A. Fontaine pour M. H. A. Brolemann, en novembre 1845.

Cat. A, 163; B, 54.

67. HEURES. — XVIe siècle (haut. 210 mill., larg. 145 mill.); 160 à 163 ff. environ. Rel. mar. bleu frappé, dos à nerfs. tr. dor. (Dauphin).

Manuscrit sur vélin. Calendrier. Quinze grandes miniatures : *le Christ au jardin des Oliviers* (bordure avec camaïeu bistre rehaussé de blanc), *l'Annonciation, la Visitation* (paysage), *la Nativité, les Bergers, l'Adoration des Mages, la Circoncision, la Fuite en Égypte, les Saints-Innocents* (inachevée), *David, Lazare, la Descente de croix, la Vierge aux Anges, l'Apparition du Christ sur l'Autel;* ces miniatures sont d'un coloris pâle, mais le dessin en est fin et élégant. Quinze petites miniatures.

Cat. A, 148; B, 50.

68. PRECES PIÆ. — XVIe siècle (haut. 190 mill., larg. 135 mill.); 192 ff. Rel. mar. liégeois r., dos orné, plat avec fil. dor., tr. dor.

Manuscrit sur vélin. Calendrier. Dix-sept grandes miniatures : *Dame vêtue de noir aux pieds d'une Vierge mère, l'Annonciation, la Visitation, la Crucifixion, la Pentecôte, la Nativité, les Bergers, la Présentation, la Fuite en Égypte, le Couronnement de la Vierge, David, les Trois jeunes Hommes et la Mort, Funérailles, la Trinité, Saint Michel, Saint Christophe.* Trente petites miniatures.

Dans l'encadrement de *l'Annonciation* et de *Saint Christophe*, armoiries : *d'azur à trois oies d'argent becquées et membrées de gueules, un croissant d'or posé en chef.* Les initiales

M. G. I. et D. P. M. sont répétées plusieurs fois dans les encadrements.

Cat. A, 216; B, 48.

69. Heures. — xvie siècle (haut. 160 mill., larg. 95 mill.); 172 ff. Très belle rel. mar. br., dos plat avec orn. poussés; au centre un écusson : *une rose en abîme, accompagnée en chef d'un croissant et de trois glands posés 2 et 1*. De chaque côté de l'écusson les initiales E. C. — Tr. dor., des rubans bleus remplaçaient les agrafes.

Manuscrit sur vélin. Calendrier (manque le mois de janvier). Vingt-six grandes miniatures de différentes mains, la plupart exécutées assez lourdement : *Saint Jean, Saint Luc, Saint Mathieu, Saint Marc, Vierge aux Anges, Vierge en prière, la Visitation, Jésus au jardin des Oliviers, la Nativité, les Bergers, l'Adoration des Mages, la Présentation, le Repos en Egypte, la Mort de la Vierge, Repas d'un roi, Saint François, Saint Jacques le Majeur, Saint Sébastien, Saint Vincent, Sainte Geneviève, Sainte Catherine, Sainte Barbe, Sainte Marie-Magdeleine, Mater dolorosa, Sainte Agathe, Lazare.*

A toutes les pages des ornements peints et dorés, d'une meilleure exécution que les miniatures. Les gardes sont couvertes d'une fine écriture du xvie siècle, notes généalogiques sur les familles Nicod et Nabert, de Bourges.

Dans le calendrier, au mois de *mai*, un couple nu enlacé couronne un écusson : *parti d'azur et d'azur au chevron d'or accompagné en chef de deux étoiles et en pointe d'un cygne de même.*

Exposition rétrospective de Lyon.

Cat. A, 193; B, 47.

70. BRÉVIAIRE ET PSAUMES. — XVIe siècle (haut. 230 mill., larg. 160 mill.); 442 ff. Rel. peau brune frappée, agrafes en forme de coquille, dos refait en chagrin de même nuance.

Manuscrit italien sur vélin. Calendrier. Vingt-sept pages richement encadrées, beaucoup d'autres avec ornements peints relevés d'or. Au bas de la dernière page : *Ano* M°-CCCCC° LXXX° *(1580) die* XXVI, *mensis junii* XIIIe *ind. dompnus Lucas de Garovineo, in civitate iste, ad domum suam.*

Dans deux encadrements se retrouvent les armes suivantes: *coupé : d'or, et d'azur à la femme nue issante de carnation.*

Manuscrit d'une belle conservation, ayant appartenu à la bibliothèque ambrosienne de Milan.

Cat. A, 23; B, 46.

71. HEURES DE L'ORDRE DE CITEAUX. — XVIe siècle (haut. 185 mill., larg. 115 mill.); 192 ff. Rel. sur bois, peau brune fleurdelisée.

Manuscrit sur vélin. Calendrier très complet. Deux lettres ornées avec encadrement, dans l'une une sainte tenant une palme, à ses pieds une religieuse.

Au verso du premier feuillet : « *Omnia pretereunt præter amare Deum.* »

A la fin : « *Orate p. scriptice in caritate ut Jhesus det sibi de suo amore.* »

Cat. A, 208; B, 37.

72. PRECES PIÆ. — XVIe siècle (haut. 190 mill., larg. 130 mill.); 84 ff. Rel. anc. avec lacs et encadr., traces de couleurs; dans un médaillon sur les plats, les initiales : F. L. et M. B.

Manuscrit sur vélin. Calendrier. Treize grandes miniatures : *Saint Jean, l'Annonciation, la Visitation, la Crucifixion, la Pentecôte, les Bergers, l'Adoration des Mages, la Présentation, la Fuite en Égypte, le Couronnement de la Vierge, Bethsabée au bain, Job*. Ces miniatures sont d'un faire très sommaire. — Cinq petites miniatures.

Au commencement et avant le calendrier, d'une autre écriture que celle du manuscrit, quatre feuillets de *Prières* et *Commandements de Dieu et de l'Église*, en latin et en français.

Cat. A, 35 ; B, 33.

73. HEURES. — XVIe siècle (haut. 185 mill., larg. 130 mill.); 182 ff. Rel. mar. vert, fleuron et dent. sur les plats, tr. dor.

Manuscrit sur vélin. Calendrier. Sept grandes miniatures : *l'Annonciation* (figures repeintes), *la Visitation, la Pentecôte, la Nativité, le Couronnement de la Vierge, David, le Mauvais Riche*. Trente et une petites miniatures avec encadrements et grotesques bien exécutés.

Cat. A, 171 ; B, 32.

74. HEURES. — XVIe siècle (haut. 215 mill., larg. 140 mill.); 60 ff. Rel. moderne, v. fauve frappé, tr. jaspées.

Manuscrit sur vélin. Calendrier. Écriture cursive. Deux grandes miniatures : *le Saint-Sacrement adoré par deux Anges, Bethsabée et David*. Dix-huit petites miniatures. Beaucoup de lettres, camaïeu gris et or.

Sur la première feuille du calendrier se lit cette note manuscrite : « *Le 3 janvier 1763 est mort Jean Claude comte de Clarmont dans son château de la Baltie, au grand chagrin de tout le monde après avoir reçu tous les sacrements. Requiescat in pace.* »

A la fin : *Prière à Sainte Marguerite*, en français.

Cat. A, 36; B, 19.

75. PRECES PIÆ. — XVIe siècle (haut. 195 mill., larg. 130 mill.); 130 ff. Rel. du XVIIe siècle, v. br. frappé or, avec médaillons sur les plats (*la Crucifixion* et *l'Annonciation*), tr. dor.

Manuscrit sur parchemin. Calendrier. Vingt-quatre pages avec miniatures et sujets dans les bordures. Treize grandes miniatures : *les quatre Évangélistes, l'Annonciation, la Visitation, la Nativité, les Bergers, l'Adoration des Mages, la Présentation, le Couronnement de la Vierge, la Crucifixion, la Pentecôte, David, Funérailles, la Vierge à la Donataire.* A la fin : *Prière à la Vierge*, en vieux français.

Cat. A, 185; B, 18.

76. HEURES. — XVIe siècle (haut. 85 mill., larg. 55 mill.); 158 ff. Rel. chagrin noir.

Manuscrit italien sur vélin. Incomplet (les premières pages manquent) et en mauvais état. Trois pages avec des arabesques ; quelques ornements non terminés.

Cat. A, 175 ; B, 16.

77. HEURES. — XVIe siècle (haut. 95 mill., larg. 65 mill.); 288 ff. Rel. mar. vert liégeois, sans nerfs ni ornements.

Manuscrit sur vélin. Calendrier. Quatorze miniatures d'une grande finesse : *Saint Jean, le Baiser de Judas, l'Annoncia-*

tion, la Visitation, la Nativité, les Bergers, l'Adoration des Mages, la Circoncision, la Fuite en Égypte, le Couronnement de la Vierge, David, la Pentecôte, Funérailles, la Vierge aux Anges.

D'une conservation parfaite, grandes marges. Les manuscrits de petit format sont rares.

Cat. A, 194; B, 13.

78. HEURES. — XVIe siècle (haut. 130 mill., larg. 80 mill.). Rel. panne, cramoisie, tr. brunies.

Manuscrit sur vélin très fin. Calendrier. Quatorze grandes miniatures : *la Visitation, la Nativité, Saint Jean, l'Annonciation, les Bergers, l'Adoration des Mages, la Circoncision, la Mort de la Vierge, la Vierge dans une gloire d'Anges, le Portement de Croix, la Pentecôte, David et Bethsabée, Job, la Vierge au croissant.* Deux ou trois de ces miniatures sont retouchées, entre autres celle de *Bethsabée.* Dix-neuf petites miniatures avec ornements, fleurs et oiseaux ; la première représente *Saint Luc* faisant le portrait de la Vierge.

Ex libris, sur la dernière garde : Roze de Lambert. Marie Doncieu. Marianne de la Vellière. Marianne de Moiria.

Cat. A, 28; B, 8.

79. HEURES. — Fin du XVe siècle (haut. 170 mill., larg. 125 mill.); 84 ff. Rel. moderne, genre gothique, relief en couleur, tr. dor., gardes en moire violette.

Manuscrit sur vélin. Calendrier. Une grande miniature : *David,* avec une lacération mal réparée. Chaque page a des ornements, chimères, monstres, oiseaux, avec des rehauts à l'encre dorée.

Ce manuscrit d'une bonne exécution paraît incomplet, soit comme texte, soit comme miniatures.

Cat. A, 51; B, 52.

80. Offices de la Semaine sainte. — Avec musique notée. — xvie siècle (haut. 140 mill., larg. 103 mill.); 109 ff. Rel. panne, rouge, tr. dor.

Manuscrit sur vélin. Douze miniatures: *l'Eucharistie, les Rameaux, Religieuses en prière* (la robe blanche, le manteau et le voile noirs), *la Résurrection, l'Ascension, la Fête-Dieu, la Présentation, Saint Jean, Saint Dominique, l'Assomption, Saint Louis, le Lavement des pieds* (très grande miniature).

Au bas de chaque miniature, un écusson : *de gueules au lion d'hermine, armé, lampassé et couronné d'or*. Le second écusson est accompagné des deux initiales C. C.

C'est très probablement *l'Office des religieuses dominicaines*.

Ex libris d'Adolphe Audenet.

Cat. A, 210; B, 5.

81. Heures. — xvie siècle (haut. 150 mill., larg. 100 mill.). Rel. du temps, peau brune, plats bois, tr. br., fermoirs cuivre.

Manuscrit sur papier, écrit en allemand à l'encre noire et rouge. Quatre-vingt-cinq gravures sur bois collées et coloriées. Ces gravures curieuses sont probablement des spécimens rares de l'imagerie religieuse.

Cat. A, 78; B, 88.

82. Psautier. — xvie siècle (haut. 200 mill., larg. 135 mill.); 281 ff. Rel. du xviiie siècle, peau br., tr. dor.

Manuscrit sur vélin, avec musique notée. Neuf pages d'encadrements; grandes initiales ornées de personnages: cent quarante-six lettres dorées.

Sur le dernier feuillet, on lit : « *Ce livre est à l'usage de sœur Marguerite de Baconet, religieuse professe de la maison du Mont Ste-Marie-les-Grosnay. Écrit par frère Loys de Villebaq, vicaire de lad. maison... 1542.* »

Cat. A, 46 ; B, 86.

83. HEURES. — XVIe siècle (haut. 165 mill., larg. 100 mill.) ; 71 ff. Rel. moderne, peau noire souple, composition gothique sur les plats, tr. dor.

Manuscrit flamand sur vélin. Calendrier. Douze grandes miniatures fort belles, mais endommagées. Vingt et une petites miniatures, parmi lesquelles *les quatre Évangélistes* en bon état et d'un dessin remarquable. Les encadrements des 30 derniers feuillets sont, pour la plupart, assez finement exécutés.

Cat. A, 133 ; B, 84.

84. HORARIÆ PRÆCES. — XVIe siècle (haut. 225 mill., larg. 145 mill.) : 138 ff. Rel. remontée, dos mar. vert, plats parchemin vert, tr. dor.

Manuscrit sur vélin. Calendrier. Vingt et une grandes miniatures : *le Baiser de Judas, Saint Jean, Saint Luc, Saint Mathieu, Saint Marc, la Vierge à l'Enfant* (vignette), *l'Annonciation, la Visitation, la Nativité, les Bergers, l'Adoration des Mages, la Présentation au Temple, la Fuite en Égypte, la Trinité, la Crucifixion, la Pentecôte, Bethsabée au bain, Job, Saint Jérôme, le Jugement dernier, le Mauvais Riche.*

Inscription formant titre : *1569, horariæ preces Ioanis Grangiani.*

Ex libris : Andoche Chastelain.

Cat. A, 201 ; B, 82.

85. Heures. — xvie siècle (haut. 140 mill., larg. 80 mill.); 162 ff. Rel. du xviie siècle, filets or avec fleurons, tr. dor., agrafes avec coquilles en argent.

Manuscrit sur vélin fin. Calendrier. Vingt pages avec grandes et petites miniatures. Vingt et une miniatures de *Saints*. Ecriture régulière, petites lettres très soignées.

Au commencement et à la fin sont des notes manuscrites, *Prières* et *Ex libris : Le 2 juillet 1572 ce livre appartient à Marguerite Champion, femme de Pierre Velart. — Le 26 janvier 1646 Marie Alin, veuve de feu Estienne Tingault en fit présent à Pierre Lescuyer le jeune. — 1655 le 4 d'août ce présent livre fut couvert de rouge maroquin. — L'an 1660 le 20 mars lad. Marie Alin décéda — ne manquez pas de dire* PATER NOSTER *et* AVE MARIA *à son intention.*

Manuscrit très rogné par la reliure qui a atteint les marges peintes.

Cat. A, 32; B, 81.

86. Preces piæ. — Fin du xvie siècle (haut. 175 mill., larg. 105 mill.); 101 ff. Rel. genre Grolier; sur le 1er plat *Françoyse*, sur le 2e plat *Ver Ivs*.

Manuscrit français sur beau vélin blanc. Neuf grandes miniatures : *Saint Jean, Jésus et Marie-Magdeleine, la Crucifixion, la Trinité, la Création d'Adam et d'Ève, la Tige de Jessé, le Christ et Marie-Magdeleine, l'Ascension*. Encadrements avec baguettes or; cent huit petites miniatures, remarquables par la fraîcheur du coloris et l'esprit de la composition. Lettres romaines.

Détérioré dans la marge du bas; l'encadrement des grandes miniatures est seul atteint.

Cat. A, 214; B, 80.

87. HEURES. — XVIe siècle (haut. 150 mill., larg. 100 mill.). Rel. remontée, genre Maioli, fermoirs laiton.

Manuscrit flamand sur vélin. Calendrier. Trente-trois miniatures : *trois Évangélistes, l'Annonciation, la Visitation, la Nativité, les Bergers, l'Adoration des Mages, la Présentation au Temple, la Fuite en Égypte, le Couronnement de la Vierge, la Crucifixion, la Pentecôte, David et Goliath, Job, la Vierge, Vierge aux Anges, le Christ au jardin des Oliviers, Saint Jean-Baptiste, Saint Jean l'Évangéliste, Saint Pierre et Saint Paul, Saint Jacques, Saint Étienne, Saint Sébastien, Saint Laurent, Saint Antoine, Saint Nicolas, Saint Fiacre, Saint Eutrope, Saint Eloy, Saint Martin, Saint Denis.* Armoiries répétées à *l'Annonciation* et à *David : d'or au chevron de sable, accompagné en chef et en pointe de trois perruches de sinople becquées et membrées de gueules.* Encadrements riches avec hachures d'or. Écriture cursive; belles marges.

Bonne conservation.

Cat. A, 27; B, 79.

88. PRECES PIÆ. — XVIe siècle (haut. 190 mill., larg. 135 mill.); 133 ff. Rel. anc. remontée, plats bois, peau brune gaufrée, avec inscription répétée quatre fois : *ora pro nobis sancta dei genitrix*, tr. dor.

Manuscrit flamand sur vélin. Calendrier. Six miniatures : *la Crucifixion, la Pentecôte, l'Annonciation, le roi David, Funérailles, la Vierge à l'Enfant.* Après le Calendrier, sur une feuille blanche, essais d'estampage. Au commencement et à la fin *Prières* ajoutées, d'une écriture cursive du XVIe siècle.

De la bibl. de *L.-G. Kervyn (Volk.) prêtre.*

Cat. A, 190; B, 78.

89. PRECES PIÆ. — XVIe siècle (haut. 170 mill., larg. 120 mill.); 122 ff. Rel. du XVIIe siècle, mar. r., fil., fleurons, tr. dor.

Manuscrit sur vélin avec titres en français. Calendrier. Dix-huit grandes miniatures : *le Christ au jardin des Oliviers* (le paysage du fond doit être une vue), *l'Annonciation*, *la Visitation*, *la Nativité*, *les Bergers*, *l'Adoration des Mages*, *la Présentation*, *la Fuite en Égypte*, *le Couronnement de la Vierge*, *le Roi David*, *la Crucifixion*, *la Pentecôte* (figures retouchées), *Job*, *la Vierge en sa gloire*. *la Trinité*, *Saint Christophe*, *Saint Claude*, *le Portement de croix*. Ces miniatures sont d'une bonne exécution, la première surtout. Vingt-trois petites miniatures; à chaque page encadrement.

Bien complet, parfait état de conservation.

Cat. A, 97; B, 74.

90. PRECES PIÆ. — Commencement du XVIe siècle (haut. 170 mill., larg. 113 mill.); 127 ff. Rel. du XVIIe siècle, mar. r., fil. dor., tr. dor.

Manuscrit flamand sur vélin. Calendrier en français, orné de miniatures fatiguées, représentant les *Signes du Zodiaque* et les *Travaux rustiques*. Vingt-cinq grandes miniatures : *Saint Jean*, *Saint Luc*, *Saint Mathieu*, *Saint Marc*, *la Vierge à la Donataire*, *la Vierge aux Anges*, *la Visitation*, *les Bergers*, *l'Adoration des Mages*, *la Présentation*, *la Fuite en Egypte*, *le Couronnement de la Vierge*, *le Baiser de Judas*, *le Christ devant Pilate*, *le Portement de croix*, *le Christ cloué sur la croix*, *la Crucifixion*, *la Descente de croix*, *la Mise au tombeau*, *l'Annonciation*, *la Pentecôte*, *la Prédication*, *trois miniatures relatives à l'Eunuque baptisé*, *Funérailles*; ces miniatures sont d'un travail lourd et timide, mais d'une composition personnelle. Quinze petites miniatures.

Cat. Yéménitz.

Cat. B, 71.

91. TIERCE DÉCADE DE TITUS LIVIUS. — XVIe siècle (haut. 420 mill., larg. 295 mill.); 289 ff. Rel. anglaise du XVIIIe siècle, mar. plein Lavallière, dos orné, tr. dor.

Manuscrit français sur très beau vélin, écrit en français, sur deux colonnes à la page, d'une bonne écriture régulière; chaque colonne est composée de 50 lignes.

Après la *table* se trouve le *frontispice* représentant un personnage lisant Tite-Live; dans le bas de l'encadrement, composé d'arabesques en grisaille sur fond or, se trouvent les armoiries suivantes : *d'argent au lion de gueules armé, lampassé et couronné d'or.* Vingt-deux miniatures; 506 initiales en camaïeu gris et or d'une grande finesse.

Bel état de conservation, quelques piqûres seulement au commencement et à la fin.

Ex libris du marquis de Donegall.

Cat. Fontaine, 2 sept. 1847.

Cat. A, 192; B, 103.

92. HEURES LATINES ET FRANÇAISES. — XVIe siècle (haut. 145 mill., larg. 85 mill.); 200 ff. environ. Rel. mar. br., aux armes d'A. Brolemann sur les plats, tr. br. (Guétant).

Manuscrit sur vélin. Calendrier. Sans miniatures; petites initiales ornées, grises et noires.

Ce manuscrit commence par « les dix commandements de la loy » en français. Sur le premier feuillet du Calendrier, cachet : *ex bibliot. privata collegii orator. Lugd.*

Cat. A, 223; B, 94.

93. PRIÈRES A JÉSUS-CHRIST. — XVIe

siècle (haut. 165 mill., larg. 115 mill.); 28 ff. Rel. du XVIIe siècle, mar. r., fil. dor., tr. dor.

Manuscrit sur vélin, écrit en français. Dix-sept miniatures, dont plusieurs en parfaite conservation; la première est *la Circoncision*; les deux dernières : *Saint Claude* et *Saint Joseph*.

Cat. B, 95.

94. HEURES EN LATIN. — XVIe siècle (haut. 150 mill., larg. 105 mill.); 145 ff. Rel. peau noire, tr. dor.

Manuscrit flamand sur vélin. Calendrier. Douze pages avec encadrements, fleurs, oiseaux et papillons.

Bonne conservation, malgré quelques mouillures au Calendrier.

Cat. A, 153; B, 96.

95. S'ENSUIVENT LES REDEVANCES DES HABITANTS ENVERS LES SEIGNEURS DES VILLAGES DE MÜNSINGEN ET NIDERWICHTRACH EN SUISSE BERNOISE POUR L'ANNÉE 1572. — (Haut. 335 mill., larg. 260 mill.); 37 ff. Rel. en parchemin blanc gaufré, avec la date de 1548, tr. r.

Manuscrit sur vélin, en langue allemande. Belles lettres de titre enjolivées en noir, rouge et or; lettres rouges.

Cat. A, 120; B, 107.

96. Vingt-trois feuillets vélin provenant de la Grande-Chartreuse. Rel. vélin blanc, filets.

On y trouve des *Ordonnances du roy François Ier*, en français, concernant des mines en Dauphiné.

Cat. B, 195.

97. LIVRE DE L'ORDRE DU TRÈS CRESTIEN ROY DE FRANCE, LOYS XIe A L'HONNEUR DE St-MICHEL. — XVIe siècle (haut. 255 mill., larg. 180 mill.); 48 ff. Rel. velours rose et vert.

Manuscrit sur vélin, contenant : 1° La *table;* 2° Une miniature fort belle; *armoiries : écartelé au 1 et 4 : de gueules à la croix d'argent; au 2 et 3 : écartelé de gueules à l'aigle à deux têtes d'or, becquée, membrée et couronnée de sable et de gueules au chevron d'or*, supports : deux lions; couronne de comte, collier de l'Ordre de Saint-Michel; 3° *Le roi présidant l'assemblée de l'Ordre,* belle miniature avec costumes intéressants. Suivent les *Statuts de l'Ordre* en français.

Cachet : *Ex bibl. Ant. Moriau proc. et adv. regis et urbis.*

Cat. A, 59; B, 62.

98. MANUSCRIT ALLEMAND. — Du XVIe siècle (1581) (haut. 155 mill., larg. 95 mill.). Rel. du temps, gaufrée, peau br., plats bois, tr. br., fermoirs cuivre.

Manuscrit sur papier, encre noire et rouge. Une quarantaine de gravures sur bois et sur cuivre avec des miniatures toutes collées et rapportées ornent ce livre écrit par une religieuse.

Cat. A, 77; B, 89.

99. IN FESTO CORPORIS CHRISTI || IN PRIMIS VESPERIS ANTIPHONA. — (Haut. 205 mill., larg. 130 mill.). Rel. mar. brun, tr. dor.

Manuscrit sur papier, en lettres romaines rouges et bleues, avec musique notée.

Cat. A, 57; B, 91.

100. HEURES. — Sur le titre la marque de « De Marnef » et au-dessous : « AD USUM ROMANE CURIE ». Au verso : *Almanach pro viginti annis.* Rel. v. fauv. dos orné, dent. et fil. (P. Bozerian jeune) sur le dos : *Heures de 1488.*

A la fin, la marque de Philippe Pigouchet. Ces heures imprimées sur papier en caractères gothiques sont dans un bel état de conservation.

Cat. A, 90; B, 115.

101. AD USUM ROMANE CURIE. — Sur le titre la marque de De Marnef est couverte par une miniature. Rel. du XVIe siècle v. br. avec médaillons et coins sur les plats. tr. dor.

Ces heures imprimées sur vélin avec figures enluminées sont les mêmes que les précédentes. A la fin, la marque de Pigouchet est couverte par un blason en couleur : *d'azur semé de larmes d'or.*

Quatre-vingt-huit pages sont peintes, ainsi que vingt grandes figures et trente-quatre petites, dont quatorze pour le calendrier. On y a ajouté « *La vie de ma dame sainte Marguerite* » en vers français sur douze feuillets de papier réglés, caractères gothiques.

Cat. A, 137; B, 116.

102. Les présentes heures a lusaige dorléans au || long sans riez requérir avec les miracles nostre || dame et les figures de lapocalypse et des triūphes || de César (Au-dessus la grande marque de Simon Vostre). — (Haut. 230 mill., larg. 150 mill.); 107 ff. Rel. mar. brun, fleurons et fil.

Heures imprimées sur vélin, bon tirage de ces magnifiques heures. Vingt-quatre grandes figures y compris le titre; dans les marges, une belle *Danse des Morts.*

Ex libris : Françoyse Lecoq, maîtresse d'école à Orléans, 1570. — Estienne de Sanseurre dit Poillet, tenant école d'écriture à Orléans (fils de Françoise Lecoq), 1587.

Vente Didier-Petit.

Cat. A, 145; B, 159.

103. Heures. — (Haut. 195 mill., larg. 125 mill.). Rel. bas. marbrée, tr. rouge.

Ces heures sont imprimées sur vélin avec initiales rehaussées de couleurs. Exemplaire incomplet. Le titre manque. A la première page *l'homme anatomique;* à la dernière, la marque de Philippe Pigouchet (les deux sauvages); à la fin : « Ces présentes heures à lusage de Romme furent achevées le IIe jour de Aust. Lan de grâce mil quattre centz IIIIXX et XIII pour Symon Vostre, libraire demourant à Paris, en la rue Neuve Nostre dame à l'enseigne Sainct Jehan lévangéliste. »

Ex libris : Bibliothèque Plantin.

Cat. A, 13; B, 113.

104. HEURES. Au-dessous de la marque de Philippe Pigouchet (les deux sauvages) : LES PRÉSENTES HEURES A LUSAIGE DE ROME FU || RENT ACHEVEZ LE XVI JOUR DE SEPTEMBRE. LAN MIL || LLLL. IILL. XX ET XVIII POUR SIMON VOSTRE LI || BRAIRE DEMOURANT A PARIS A LA RUE NEUVE NOSTRE || DAME A LYMAGE SAINCT-JEHAN LEVANGELISTE. — (Haut. 220 mill., larg. 145 mill.). Rel. peau brune, tr. dor.

Exemplaire sur vélin avec initiales de couleurs ; dans les encadrements : *la Danse des Morts.*

Ex libris : sur le plat en lettres dorées *m*[re] *de* Vigier, *prêtre et chanoine au chapitre d'Aurillac, 1680.*

Cat. A, 111 ; B, 114.

105. LES PRÉSENTES HEURES A L'USAIGE DE TOU TOUTES || AU LONG SANS REQRIR : AVEC LES FIGURES ET SIGNES DE LAPO || CALIPSE... *(ont été faictes à Paris pour Symon Vostre, libraire). Almanach de 1510.* — Rel. velours coins et fermoirs vermeil, tr. dor.

Bel exemplaire imprimé sur vélin. Dix-neuf grandes figures et tous les encadrements enluminés. Nombreuses armoiries : *d'argent à trois têtes de loup (?) arrachées au naturel (ou d'azur). — D'azur à trois cors de chasse d'or noués de gueules. — D'argent à la fleur de gueules au cœur d'or, tigée de sinople, surmontée d'un lambel à trois pendants de gueules. — D'azur au chevron de gueules accompagné en chef de deux griffes d'or et en pointe d'une étoile du même. — Losangé d'or et de gueules à la fasce d'azur, une croix tréflée d'argent brochant sur le tout*. (Cette dernière répétée très souvent). Sur le titre, le monogramme de Simon Vostre est couvert par l'armoirie suivante : *de gueules à cinq besans d'argent posés en sautoir accompagnés en chef d'un lambel à trois pendants d'argent et en pointe d'une étoile d'or*.

Cat. A, 8; B, 160.

106. HEURES. — Au-dessous de la marque de Simon Vostre : LES PRESENTES HEURES A LUSAIGE DE PARIS TOUTES || AU LONG SANS REQRIR AVEC LES FIGURES ET SIGNES DE LAPO || CALIPSE : LA VIE DE THOBIE ET DE JUDIC || LES ACCIDENS DE LHO || ME || LE TRIUMPHE DE CÉSAR || LES MIRACLES NOSTRE DAME || ONT ÉTÉ FAICTES A PARIS POUR SYMON VOSTRE LIBRAIRE || DEMOURANT EN LA RUE NEUFVE A LENSEIGNE S. JEHAN LEVANGELISTE. — Pet. in-8°. Rel. mar. r. dent. sur les plats, tr. dor.

Imprimé sur vélin. Deux grandes figures signées d'un G un peu gothique renfermant une F romaine *(Godofredus faciebat)*, monogramme de Geoffroy Tory. *Danse des Morts* et encadrements.

Cat. A, 10; B, 161.

107. HEURES. — Rel. carton brun, tr. br.

Exemplaire sur vélin; pas de grandes figures; petites figures de saints enluminées, encadrements, *la Danse des Morts*. Mêmes bois que dans les heures de Simon Vostre.

Le titre manque ; sur le premier feuillet : *Almanach pour XVIII ans*.

Ex libris : Nicolaï Bonneville saint Ursini vicarii. 1771.
Cat. A, 14; B, 172.

108. HEURES. — 114 feuillets. Rel. velours gris-bleu, tr. dor.

Cet exemplaire sur vélin est orné des encadrements des heures de Simon Vostre ;

Quatorze grandes figures et la *Danse des Morts*. Les titres et le calendrier manquent.

Cat. A, 87; B, 174.

109. HEURES. — 107 ff. Rel. à la Grolier, bien restaurée.

Exemplaire sur vélin. Quatorze grandes figures et vingt-deux petites enluminées. A la fin : *Salutation à la Vierge* en rébus. Sur le titre entièrement gratté, on lit encore : *Heures à lusayge de Rome tout au long sans rien reqrir imprimées nouvellemt à Paris.*

Manque un feuillet : *l'Homme anatomique* au recto et *janvier* au verso.

A la fin : « Ces présentes heures à lusaige || de Rome au long sans rien requerir || Avec l'office de la conception Nostre Dame || et plusieurs aultres suffraiges nou || vellement adjoutées ont été imprimées || à Paris par Nicolas Higman pour || Guillaume Godard demourant sur le || pont au change devant l'orloge du pa || lays. A l'enseigne de l'homme sauvaige. »

Cat. A, 182; B, 165.

110. HEURES. — 96 feuillets. Rel. mar. v. fil. tr. dor.

Imprimé sur vélin, superbe exemplaire d'un tirage excellent et très bien conservé. Treize grandes figures, dont trois sont enluminées avec beaucoup de goût; grandes initiales ornées et enluminées. Sur le premier feuillet : la marque de *Jehan Pychore et Remy de Laistre;* au verso l'homme anatomique.

A la fin : Les présentes Heures ont || esté imprimées et achevées a Paris || le 5 avril 1503 par Jehan Pychore et Remy de Laistre.

Cat. A, 4; B, 162.

111. Les présentes Heures a l'usaige de Paris || sont toutes au long sans riē requerir aveq || les heures Saincte Genevieve et la comemo || ration Saint Marcel et de Saint Germain. Au-dessous la marque de « *Guillaume Eustace* ». — 94 ff. Rel. mar. br., dos plat., sur les plats la croix avec les instruments de la Passion et les noms de *Marie Gasté* avec la date répétée 1620.

Imprimé sur vélin; grandes et petites figures; initiales rehaussées d'or et de couleur.

A la fin : *Achevées d'imprimer le 20 juin 1500 par Thielman Kerver pour Guillaume Eustache.*

Bonne conservation et complet.

Cat. B, 123 *bis*.

112. Hore intermerate Virginis marie secudum || usum Romanum cum pluribus orationi || bus tam in gallico quam in latino. —

(Haut. 210 mill. larg. 140 mill.). Rel. peau verte, tr. r.

Imprimé sur vélin avec figures et encadrements, épreuves superbes en bel état de conservation; derniers feuillets un peu jaunis.

A la fin : *Achevées le 8 mai 1501 pour Gillet Remacle, libraire à Paris, par Thielman Kerver, imprimeur et libraire juré de l'Université de Paris.*

(Voy. Brunet, *Supplément.)*

Cat. A, 3; B, 119.

113. HORE INTEMERATE VIRGINIS MARIE SECUNDUM || USUM ROMANUM CUM PLURIBUS ORATIONIBUS, || TAM IN GALLICO QUAM IN LATINO || (Haut. 125 mill., larg. 140 mill.). Rel. mar. noir avec médaillons et coins.

Imprimé sur vélin. Achevé le 1er décembre 1502 pour Gilbert Remacle par Thielman-Kerver.

Ex libris : J. Collin, vicaire général à Dijon, en 1803.

Bonne conservation.

Cat. A, 5; B, 120.

114. HORE INTEMERATE VIRGINIS MARIE SECUDUM || USUM ROMANU TOTALITER AD LONGU SINE REQRE || CUM PLURIBUS ORATIONIBUS IN GALLICO ET LATINO || . 96 ff., signés *a-m*, par 8. Rel. mar. r. dent. sur les plats, tr. dor.

Imprimé sur vélin. Almanach de 1497 à 1520 avec quatorze grandes gravures et plusieurs petites; initiales très finement ornées; superbe de tirage.

Achevées le 8 nov. pour Guillaume Eustace par Tielmann Kerver. A la fin, marque de Guillaume Eustache.

Brunet, *suppl. p. 614.*

Cat. A, 2; B, 121.

115. HEURES A L'USAIGE DE ROME NOUVELLEMENT || IMPRIMÉES ESQUELLES A PLUSIEURS BELLES HY || STOIRES DE LA BIBLE AVEC LES FIGURES DE LAPO || CALIPSE ET PLUSIEURS AULTRES. Rel. ancienne, peau gaufrée et fleurdelisée, sur bois, fermoirs argent avec armoiries émaillées : *parti d'or à la croix ancrée de gueules et de gueules aux trois maillets d'or posés 2 et 1.*

Imprimé sur vélin; bon exemplaire, tirage un peu pâle, mais conservation parfaite dans sa reliure du temps.

Achevées le 22 juin 1506 par Thielman Kerver.

Cat. A, 151; B. 126.

116. HORE INTEMERATE DEI GENITRICIS VIRGINIS MA || RIE SECUDUM USUM ROMANUM TOTALITER AD LONG || UM... — 99 ff. Rel. remontée peau gaufrée et fleurdelisée, un fermoir en laiton.

Imprimé sur vélin. Figures et initiales retouchées or sur couleur.

Bel exemplaire d'une parfaite conservation.

Achevées à Paris le 20 janvier 1507 par Thielman Kerver.

Vente Didier-Petit.

Cat. A, 140; B. 122.

117. HEURES A LUSAGE DE PARIS TOUTES || AU LONG SANS RIEN REQRIR : IMPRIMEZ NOUVELLEMENT POUR GUILLAUME EUSTACHE || .... Rel. panne rouge avec application en argent découpé et niellé, fermoirs et coins argent, tr. dor. et ciselée.

Imprimé sur vélin, en caractères gothiques, noirs et rouges, exemplaire réglé. Figures enluminées avec soin ; initiales, or et couleur.

Prière à saint Fiacre.

Ces présentes heures acbevez l'an de grâce 1509 et le 28 octobre.

Cat. A, 9; B, 144.

118. HORE DIVE VIRGINIS MARIE SECUNDUM VERUM USUM ROMA || NUM..... Per Thielmann Kerver. Rel. chagr. n. tr... dor.

Imprimé sur vélin en caractères romains, noirs et rouges; initiales rehaussées d'or et de couleur. Bonnes épreuves, mais marges un peu courtes.

A la fin :

Finit officium beate Marie... Impressum Parisiis hoc jubileo trigesimo ad id° martias. Opera Thielmanni Kerver...

Cat. A, 15; B, 125 *bis*.

119. HEURES. — Sur le titre la marque des deux licornes, le nom de THIELMAN-KERVER et au-dessous : CES PRÉSENTES HEURES A LUSAI || GE DE PARIS TOUTES AU LONG SANS || RIEN REQUÉRIR AVEC PLUSIEURS BELLES || HYSTOIRES NOUVELLEMENT IM-

PRIMÉES || (Haut. 215 mill., larg. 140 mill.). Rel. mar. r. fil. tr. dor.

Imprimé sur papier, caractères gothiques noirs et rouges; au recto du dernier feuillet : *Redemptoris mundi arma* avec la date 1522 et à la suite : *Commendationes defunctorum.*

A la fin :

C'y finissent ces présentes heures à lusaige de Paris... nouvellement imprimées... par la veufve de feu Thielmann Kerver... et furent achevées l'an mil cccccxxII le xvI[e] jour de février.

Cat. A, 96; B, 118.

120. HEURES. — Les mêmes que les précédentes.

Manquent les deux premiers feuillets, le reste de cet exemplaire est d'une conservation parfaite.

Cat. B, 117.

121. REGULA B. PATRIS BENEDICCTA B. DUNSCANO. — *Paris, Thielmann Kerver*, 1544. — Rel. mar., dos plat avec le mot *heure*, tr. dor.

Imprimé sur papier, en rouge et noir avec encadrements. Le verso du dernier feuillet porte : *Redemptoris mundi arma* (les instruments de la Passion dans un écusson).

Cat. A, 176; B, 123.

122. HEURES. —In-12. Rel. anc. avec dorure et entrelacs sur les plats, tr.

Imprimé sur papier avec figures sur bois.

Exemplaire fatigué; la première page déchirée; le titre manque; quelques piqûres et mouillures.

A la fin : Cy finissent ces présentes heures à lusaige des frères prescheurs... imprimées à Paris par la veufve de Thielman Kerver... et furent achevées l'an 1542 et le 26 de septembre.

Cat. B, 125.

123. HEURES DE NOSTRE DAME A LUSAIGE || DE CHARTRES nouvellement imprimées à Pa || ris avec plusieurs belles histoires tant au Ka || lendrier | aux heures Nostre Dame | aux heures || de la Croix | aux heures du Saint Esprit : aux || sept psalmes que aux vigiles. *Sous la marque :* à Paris par Jacques Kerver, 1558. — Rel. anc. à entrelacs.

Imprimé sur papier, caractères noirs et rouges avec des figures sur bois signées *I. M.* — Suivent : *Les armes du Sauveur du monde. Les dévotes oraisons. L'echelle de Perfection* et *Les recommendaces des trépassés,* datées *1560 ;* au dernier feuillet la marque aux licornes.

Cat. A, 112 ; B, 124.

124. HEURES... A la louenge de Dieu... furent commencées ces présentes heures par le commandement du roy nostre sire pour Anthoine Verard, libraire, demourant à Paris sur le pont Nostre Dame à lymage sainct Jehan levangeliste, ou au palais au premier pilier devant où on chante la messe de messeigneurs les présidens. — Rel. veau marbré au dos : *heures gothiques,* 1488.

Imprimé sur vélin. Dix pages avec enluminures; lettres retouchées. Au commencement : *Jésus soit en ma teste et mon entendement.* A la dernière page, marque d'*Antoine Vérard (un cœur avec le monogramme soutenu par deux aiglons, au-dessus les armes de France soutenues par deux anges).*

Très rogné dans le haut; première et dernière pages fatiguées.

Ex libris : ex biblioth. Ludivici, Poncet, Lugd.

Cat. A, 156; B, 112.

125. DER SCHATZBEHALTER *(le conservateur du trésor). — Imprimé par les Héritiers d'Antoine Roberger, de Nuremberg, l'an* 1491, *le* 18 *novembre.* In-folio. Rel. en peau brune frappée, avec coins, fermoirs et onglets en laiton.

Imprimé sur papier. 95 figures sur bois par Michel Wohlgemuth; belles initiales dorées. On y a ajouté un portrait d'un duc de Wurtemberg.

Manque le premier feuillet et le second est un peu coupé en tête. Les figures sont coloriées.

Cat. A, 80; B, 165.

126. EPISTOLE DE SANCTO HIERONIMO. — A la fin, au-dessus de la marque de Lorenzo di Rossi : ¶ *Impressa e la presente opera cosi con diligentia emendata como di iocunde caractere et figure ornata ne la inclita et florentissima cita de Ferrara : per maestro Lorenzo di Rossi da Valenza : ne gli anni de la salute del mundo* 1497. *A di XII*

de octobre. Grand in-folio; vieille couverture bois recouverte en parchemin, tr. br.

Bel exemplaire, avec des bois et des initiales ornées.
Ex libris ciselé sur la tranche : P. Di Sangirolamo.
Cat. B, 190.

127. LES PRÉSENTES HEURES A LUSAIGE DE PARIS AU LONG SANS REQUÉRIR ONT ESTÉ IMPRIMÉES POUR NICOLAS VIVIEN LIBRAIRE, DEMOURANT A PARIS EN LA RUE NEUFVE NOTRE-DAME A LA COURONNE. — Rel. mar. vert, fil. tr. dor. (J. Moreau).

Bel exemplaire; dix-sept grandes figures enluminées avec soin; initiales rehaussées d'or et de couleur.
Ex libris : Catherine Drouyn, femme de Jullien Lecourvoisier. — Anne Lecourvoisier. — Félibien, 1647.
Cat. A, 130; B, 139.

128. HORE INTEMERATE VIRGINIS MARIE SECUNDUM || USUM ROMANUM CUM PLURIBUS ORATIONIBUS || TAM IN GALLICO QUAM IN LATINO. Au-dessous, la marque de Germain Hardouin (l'arbre et les trois enfants). — 108 ff. Rel. v. fauve frappé, ornements brunis et dorés sur les plats, tr. dor.

Imprimé sur vélin. Quatorze grandes figures et vingt-huit petites enluminées assez sommairement.
Bonne conservation.

A la fin : *Achevées le 1er octobre 1505 par Guillaume Anabat imprimeur pour Germain Hardouin, libraire.*
Cat. A, 164 ; B, 152.

129. HEURES A L'USAIGE DE ROME TOUT AU LONG SANS RIEN RE || QUERIR AVEC PLUSIEURS BELLES HYSTOIRES ET FIGURES DE || LA POCALIPCE A LA MODE DYTALIE NOUVELLEMET IMPRIMÉES. — Rel. peau br., plats bois, tr. dor.

Exemplaire sur vélin avec encadrements, bon tirage. Initiales rehaussées d'or et de couleur ; grandes marges.
Bonne conservation ; 2 ff. piqués.
A la fin : *Imprimées à Paris par Guillaume Anabat imprimeur pour Gillet Hardouyn et Germain Hardouyn, libraires. Tout pour le mieulx.*
Bibl. Plantin.
Cat. A, 12 ; B, 145.

130. HORE INTEMERATE VIRGINIS MARIE SECUNDUM USUM ROMANUM TOTALITER... *noviter impressis Parisiis opera Germani Hardouyn ; (imprimées à Paris pour Guillaume Anabat).* 103 ff. Rel. mar. r. plein avec fil. or, tr. dor.

Imprimé sur vélin en caractères gothiques. Le titre a été refait à la main ; armoiries : *de gueules à la bande d'argent chargée de trois fleurs de lis d'azur.*
Cat. A, 161 ; B, 157.

131. HEURES. — A la louenge de Dieu... et a léfidication de tous bons catholiques furent

commencées ces presentes heures a lusaige de Romme pour Gillet Hardouin libraire. — Rel. panne rouge avec coins et fermoirs en argent aux initiales en relief *E S*, tr. dor.

Imprimé sur vélin, caractères gothiques. Quinze grandes figures et trente et une petites, miniatures dans la marge, mais d'une exécution banale. Le texte n'est pas encadré typographiquement.

A la fin : *Les présentes heures à lusaige de Romme ont été achevées à Paris le XXIIIIe jour de novembre. Lan mil cinq cens et trois.*

Cat. A, 119; B, 146.

132. HEURES. — A la louenge de Dieu... et a lédification de tous bons catholiques furent commencées ces presentes heures à lusaige de Romme pour Gillet Hardouin libraire... (hauteur 250 mill., larg. 165 mill.) Rel., mar. rouge, filets, tr. dor., cis. (Koehler).

Imprimé sur papier. Caractères gothiques. Le texte encadré d'admirables vignettes sur bois. N'a aucun rapport avec le précédent, malgré la similitude du titre.

A la fin : *Les présentes heures à lusaige de Romme ont été achevées A Paris le XXIIIIe jour de novembre. Lan mil cinq cens et trois.*

Superbe de conservation et d'état. Vente Cailhava par Techener, oct. 1845.

Cat. A, 165; B, 148.

133. HEURES A LUSAIGE DE ROMME... NOUVELLEMENT IMPRIMÉES A PARIS PAR GILLET HAR-

DOUYN IMPRIMEUR ET LIBRAIRE. — Rel. veau brun frappé, tr. dor., 1820.

Exemplaire sur vélin, huit grandes figures et vingt-huit petites enluminées.

Cat. A, 6; B, 149.

134. HEURES A LUSAIGE DE PARIS *au-dessous de la marque de Gillet Hardouyn.* — 112 ff. Rel. mar. r., ornements or frappés sur les plats.

Imprimé sur vélin en caractères gothiques, avec encadrements de miniatures. Dix-huit grandes figures et vingt-cinq petites enluminées avec soin. A la fin, sur deux colonnes, LA DANSE DES MORTS; à la suite, 21 figures représentant LA PRISE DE JÉRUSALEM.

En parfait état de conservation.

Cat. A, 179; B, 153.

135. HORE INTEMARATE VIRGINIS DEI GENI || TRICIS MARIE SECUNDUM USUM ECCLE || SIE ROMANE... — *Parisius noviter impressis per Egidium Hardouyn.* Petit in-8° de 12 ff. pour le titre et le calendrier de 108 ff. Haut 145 mill., larg. 180 mill. Rel. v. fauve, dos orné, plats avec filets et fleuron, tr. dor.

Imprimé sur vélin en caractères romains. Trente-six figures enluminées.

A la fin : *Finis Horarum... impensis vero Germani Har-*

douyn, anno dni millesimo quingentesimo tertio, die II, mensis Julii.

Exemplaire réglé, court de marge.

Cat. A, 152; B, 158.

136. LES PRÉSENTES HEURES A L'USAIGE DE ROUEN... — Imprimées à Paris par Germain Hardouyn, imprimeur et libraire. Rel. du XVIIIe siècle, mar. r. f. dos orné, tr. dor.

Exemplaire réglé sur vélin avec enluminures. A la fin : « Les présentes heures à l'usaige de Rouen tout au long sans ries requerir. Ont esté nouvellement imprimées à Paris par Germain Hardouyn, imprimeur et libraire, juré de l'Université de Paris demourant entre les deux portes du palays à l'enseigne Saincte Marguerite.

Cat. A, 1; B, 147.

137. HORE IN LAUDEM GLORIOSISSIME VIRGINIS MA || RIE SECUNDUM USUM ROMANUM || IMPRESSE PARISIUS PER GERMANUM HARDOUYN. — 96 ff. in-12, reliure genre gothique du commencement du siècle.

Imprimé sur vélin en caractères gothiques. Treize grandes figures et treize petites enluminées, dans un encadrement ovale. Le premier feuillet très fatigué et lavé; manque le dernier feuillet.

Cat. A, 162; B, 154.

138. HORE BEATE MARIE VIRGINIS SECUNDU USUM || ROMANUM TOTALITER... NOVITER IM-

PRESSIS PARISIUS OPERA GERMANI HARDOUYN. — In-12, 86 ff. Rel. v. vert sablé or. grecque sur les plats intérieurs, tr. dor. (P. Bozérian jeune).

Imprimé sur vélin en caractères romains. Dix-neuf grandes figures et dix-neuf petites enluminées; quelques encadrements de forme ovale; le dernier médaillon, *Sainte Catherine*, a été enlevé et remplacé par un dessin inhabile. La marque de Gilles Hardouin est couverte par des armoiries: *de sable au chef parti d'or et d'azur.*

Bibl. Rivoire, 3 juin 1846.

Cat. A, 173; B, 155.

139. HORE DIVINE VIRGINIS MARIE SECUNDUM USUM ROMANUM CUM ALIIS MULTIS FOLIO SEQUENTI NOTATIS. — (1533). in-12; 96 ff. Rel. mar. vert.

Exemplaire réglé sur vélin en caractères romains. Vingt et une grandes figures et douze petites enluminées naïvement; marges assez grandes.

A la fin : Ces presentes sont à lusaige de Romme tout au long sans rien requerir ont este nouvellement imprimées à Paris pour Germain Hardouyn libraire demourant audict lieu entre les deux portes du Palays à lenseigne sainate Margarite et ce vendent audict lieu.

Bibl. Rivoire, 3 juin 1846.

Brunet. *suppl. Vente Chedeau*, n° 305.

Cat. A, 172; B, 156.

140. HEURES DE NOSTRE DAME A L'USAIGE DE RO || ME TOUT AU LONG SANS RIEN REQUÉ-

RIR... — (Haut. 225 mill., larg. 130 cent.). Rel. velours rouge.

Imprimé sur vélin. Treize grandes figures et vingt-trois petites enluminées.

A la fin : Les presentes heures à lusaige de Romme ont este achevées le V iour de Octobre, par Anthoinne Chappiel, imprimeur demourant à Paris...

On y a ajouté : *Psaumes et Prières* avec la *Passion de J.-C.* en français.

Brunet, *suppl.* Vente Chedeau.

Cat. A, 7 ; B, 150.

141. HORE DIVE VIRGINIS MARIE SECUNDUM USUM ROMANUM CUM ALIIS MULTIS IN SEQUENTIBUS... — Format petit in-8. 101 ff. Rel. veau brun tr. dor.

Imprimé sur vélin. Caractères romains et encadrements ovales. Onze grandes figures et vingt petites enluminées.

A la fin :... Lutecie noviter impressum per M. Petrum Vidoveu ere et impensis Germani Hardouin librarii... anno dni millesimo quingentesimo XXIIII.

Ex libris : Armoiries en regard du titre : *d'argent à deux lions de sable affrontés tenant un anneau de gueules, à la bordure de France.* — P. F. Angelloz, sacerdotis. — Donné par M. de la Baume, à Nismes, le dim. 19 janvier 1727. — Charles de Baschi, marquis d'Aubaïs.

Cat. A, 215 ; B, 166.

142. LES PRÉSENTES HEURES SONT A LUSAIGE DE ROMME || TOUT AU LONG SANS RIENS REQUÉRIR || AVEC LES FIGURES DE LA DESTRUCTION DE HIERU || SALEM : ET PLUSIEURS AUTRES

BELLES FIGURES || DE LA POCALIPSE. — 73 ff. Rel. mar. noir, fil. dent. fleurdelisées, tr. dor. ciselées, gardes en damas (Bruyère).

Imprimé sur vélin; caractères gothiques. Douze grandes figures et douze petites, toutes enluminées.

A la fin : « Les présentes heures... ont été imprimées à Paris pour Gilles Hardouyn libraire...pour Germain Harduoyn libraire. »

Vente Didier-Petit.

Cat. A, 143; B, 151.

143. HEURES DE NOSTRE DAME A L'USAGE DE ROMME... ON LES VEND A PARIS A L'HOSTEL D'ALLEBRET, PAR ANTHOINE BONNEMERE. MILLE CINQ CENS QUARANTE ET QUATRE. — Rel. du XVIIe siècle peau br. fil. fleurons sur les plats, tr. dor. piquée.

Exemplaire réglé, lettres romaines, bois, initiales rouges. Un peu piqué.

Cat. B, 173.

144. HEURES. — Au-dessous de la marque de Guillaume Eustache : LES PRÉSENTES HEURES A L'USAIGE DE ROME SONT TOUTES AU LONG SANS RIENS REQUÉRIR AVECQUES LES QUIZE ORAISONS... Rel. mar. vert, aux armes de Larochefoucauld-Liancourt.

Exemplaire réglé sur papier, initiales bleues et rouges.

Au recto du dernier feuillet : « Ci finissent les heures aux grans suffraiges : nouvellement imprimées par Nicolas Hygman imprimeur de livres pour Guillaume Eustache, l'an mil cinq cens le XXe jour de septembre. »

Au verso du même feuillet : un bois représentant les armes de France et au-dessous deux écussons, l'un est vide et dans l'autre est la marque de Guillaume Eustache.

Ex libris : « *Achelé* 6, l. *du sieur Genan* signé *Jean Chapoton ce 14 may 1771.* »

Cat. A, 120 ; B, 107.

145. HEURES. — Sur la première page : *Tabula omnium officiorum* (haut. 170 mill., larg. 115 mill.). Rel. mar. vert fil. tr. dorées et ciselées.

Imprimé sur vélin. Vingt figures grandes ou petites enluminées avec soin ; les grandes initiales sont retouchées en couleur. Calendrier avec motifs coloriés.

A la fin : *Officia quotidiana sive horas beate Marie... impressores Nicolaus Hygman qui per Francisco Regnault impressit, anno 1510.*

Sous la marque de François Regnault (l'éléphant portant châtelet avec écusson enluminé aux initiales F. R.) : *hore intemerate dei genitricis virginis Marie secundum usum Romane ecclesie.*

Bibl. Plantin.

Cat. A, 11 ; B, 111.

146. — MISSALE AD CONSUETUDINEM INSIGNIS ECCLESIE EBROICENSIS UNA CUM DICTE ECCLESIE INSTITUTIS CONSUETIDINIBUS QUE NUPER IN ALMA PARISIORUM ACADEMIA ARTE ET INDUSTRIA JOHANIS KAERBRIANT ET DESIDERII MAHEU IMPRESSUM. — Avec la marque du libraire Jehan Petit.

Imprimé sur vélin en caractères gothiques rouges et noirs, exemplaire réglé. Grand nombre de figures et d'initiales enluminées avec soin; les nus sont modelés. Quelques piqûres.

A la fin : *in edibus Johannis Kaerbriant sive Huguelin; nec non Desiderii Mabeu. Ære impensis Johannis Petit. 16 novembre 1527.*

Ce missel, en bel état, a appartenu au marquis de Pins. Acheté par Brun à Narbonne.

Cat. A, 19; B, 164.

147. HORE IN LAUDEM BEATISSIME VIRGI || NIS MARIE : SECUNDUM CONSUETU || DINEM ECCLESIE PARISIENSIS. — Rel. moderne, mar. brun fil. tr. ciselées (L. Guétant).

Imprimé sur papier, caractères romains rouges et noirs, encadrements, figures au trait.

A la fin : « Les presentes heures à l'usage de Paris privilégiées pour dix ans commenceans à la présente date de leur impression furent achevées d'imprimer le vingt deuxiesme jour Doctobre mil cinq cens vingt sept par maistre Simon du bois imprimeur pour maistre Geofroy Tory de bourges et les vend à l'enseigne du pot cassé. »

Bel exemplaire en parfait état.

Cat. A, 85 ; B, 128.

148. HORE IN LAUDEM BEATISSIME VIRGI || NIS MARIE : SECUNDUM CONSUETU || DINEM ECCLESIE PARISIENSIS. — (Hauteur 185 mill.; larg. 133 mill.); 123 ff. Rel. parchemin blanc.

Le même que le précédent, mais sur vélin, sept pages avec figures peintes et armoiries répétées : *« parties de France et de Savoie. »*

A la fin, manque le privilège et la marque de Geofroy Tory.

Cat. A, 159; B, 132.

149. HORÆ IN LAUDEM || BEATISSIMÆ VIRGINIS MARIÆ SECUNDUM USUM ROMANUN PA || RRHISIIS, APUD GOTOFREDUM TORINUM BITURIGICUM || . (8 février 1529). — (Haut. 100 mill.; larg. 55 mill.). Rel. veau fauve, fil. sur les plats. dos orné, tr. dor.

Imprimé sur vélin avec figures coloriées; sur le titre, la marque de Geofroy Tory avec la devise « *non plus* ».

Exemplaire court de marges.

Cat. A, 16; B, 127.

150. HORÆ IN LAUDEM BEATISS VIR || GINIS MARIÆ AD USUM ROMANUM || PARRHISIS APUD GOTOFREDUM TORINUM BITURIGICUM REGIUM IMPRESSOREM. — Rel. mar. noir, tr. dor.

Exemplaire sur papier, lettres romaines rouges et noires, quelques encadrements et quelques figures sont rehaussés d'or et de couleurs.

Achevé d'imprimer le 20 octobre 1531. A la fin la marque du *Pot cassé*.

Cat. A, 93; B, 133.

151. HORÆ IN LAUDEM BEATIS VIRGI || NIS MARIÆ AD USUM ROMANUM OFFICIUM TRIPLEX || PARRHISIS, APUD OLIVERIUM MALLARD IMPRES-

SOREM REGIUM. — (Hauteur 185 mill.; larg. 115 mill.). Rel. restaurée, tr. dor. et ciselées.

Exemplaire sur papier.

Achevé d'imprimer en août 1542. Sur le titre et à la dernière page la marque du *Pot cassé*. Quelques feuillets déchirés dans le haut.

Cat. B, 134.

152. CHAMP FLEURY auquel est contenu Lart et Science de la deue et vraye Proportion des Lettres Attiques.

Gr. in-8°. Rel. dos veau, tr. marbrées.

Exemplaire sur papier.

A la fin : ...... fut achevé d'imprimer le mercredi jour du mois d'avril l'an 1529 pour maître Geofroy Tory de Bourges auteur dudit livre et libraire demeurant à Paris et pour Giles Gourmont aussi libraire demeurant aussi audit Paris.

Cat. B, 129.

153. CHAMP FLEURY. — Gr. in-8°. Rel. veau marbré, tr. dor.

Le même que le précédent. Exemplaire sur papier, plus court de marges mais réglé.

Cat. B, 130.

154. L'ART ET SCIENCE DE LA VRAYE PROPORTION DES LETTRES ATTIQUES OU ANTIQUES.... PAR MAISTRE GEOFFROY TORY DE BOURGES PARIS, VIVANT GAULTHEROT, 1549; in-12. Rel. v. plein, filets, dos plat, ébarbé.

Imprimé sur papier avec figures ; à la fin, l'achevé d'imprimer qui manque souvent. Titre et derniers feuillets racommodés.

Catal. Plantin.

Cat. B, 131.

155. HORÆ IN || LAUDEM BEATISSIMÆ VIR || GINIS MARIÆ || PARISIIS EX OFFICINA REGINALDI CALDERII ET CLAUDII EJUS FILII (1549). (Avec la marque : *le Temps*). (Haut. 230 mill. ; larg. 160 mill.). Rel. v. br. avec entrelacs peints sur les plats, au milieu le nom dė *Iane Petitroux*, tr. dor. ciselées.

Imprimé sur papier.

Exempl. réglé, d'une conservation parfaite, bon tirage des encadrements.

Cat. B, 135.

156. HORÆ IN || LAUDEM BEATISSIMÆ VIR || GINIS MARIÆ. PARISIIS EX OFFICINA REGINALDI CALDERII ET CLAUDII EJUS FILII, 1549. (Avec la marque : *le Temps*). (Haut. 230 mill. ; larg. 155 mill.). Superbe reliure dorée et peinte avec médaillons frappés ; au centre, tête d'empereur romain, tr. dor.

Le même que le précédent.

Imprimé sur papier, exemplaire réglé, quelques feuillets lacérés à la fin.

Cat. A, 84 ; B, 136.

157. HEURES A L'USAIGE DE ROME IMPRIMÉES A LA REQUESTE ET DÉVOTION DE MESSIRE CLAUDE GOUFFIER.... A PARIS, PAR MICHEL DE VASCOSAN. (1558). — Rel. mar. r. à compartiments, sur le plat le mot *Heures*, au dos : *Paris, 1558*, tr. dor.

Imprimé sur vélin en lettres romaines rouges et noires. Deux grandes figures enluminées très finement : 1° *L'Annonciation*, avec armoiries : *d'or à trois devises de......;* 2° *La Fuite en Égypte*, avec les mêmes armoiries. Grandes initiales en couleur rehaussées d'or; très jolies petites initiales en couleurs.

Cat. A, 41; B, 141.

158. HEURES DE NOSTRE DAME A L'USAGE DE ROMME, EN LATIN ET EN FRANÇAIS = A PARIS DE L'IMPRIMERIE DE LÉON CAVELLAT A L'ENSEIGNE DU GRIFFON D'ARGENT. 1579; in-12. Rel. du temps, peau brune, petits médaillons avec fleurs et monogrammes, dos plat, tr. dor.

Imprimé sur papier avec encadrements. Au commencement, on a collé très habilement des gravures sur cuivre qui cachent le titre et un bois.

Suivent : *Confession générale qu'un chacun bon Chrétien doit dire tous les jours; Dévotes oraisons; Les 15 effusions du sang de nostre Saulveur; La vie de Madame Saincte Marguerite;* la pagination continue ainsi que le numérotage des feuillets.

Quelques mouillures à la fin.

Cat. B, 142.

159. HEURES DE NOSTRE DAME A L'USAGE DE ROMME EN LATIN ET EN FRANÇAIS. PARIS, LÉON CAVELLAT. 1579 ; petit in-8°. Rel. vélin blanc.

Le même que le précédent.

Imprimé sur papier fort. La première page est le mois de février (il manque deux feuillets).

Quelques pages fatiguées.

Cat. A, 113 ; B, 143.

160. HEURES DE NOSTRE || DAME A L'USAGE DE ROMME NOU || VELLEMENT IMPRIMÉES A PARIS AVEC PLUSIEURS BELLES ORAISONS ET HISTOIRES.... *Imprimées à Paris pour Julian Duval marchand libraire MDLXXXIIII (1584).* Rel. bien conservée, mar. r. brune, dos plat, dents, médaillons *(La Crucifixion)* sur les deux plats, tr. dor.

Imprimé sur papier. Heures en français, caractères rouges et noirs. Figures sur bois avec personnages et costumes intéressants (50 grandes et 26 petites).

Suivent :

Les quinze oraisons de Sainte Brigitte, 16 pages. Les quinze joies de Notre-Dame, 10 pages. Confession générale, 10 pages. Préparation pour la Communion, 30 pages. Les trois *Ave Maria*, 8 pag. Vingt-neuf pages en vers : oraisons à Monsieur Saint Fiacre, à Monsieur Saint Nicolas, etc.

Cat. B, 140.

161. MISSALE ROMANUM NOVITER IMPRESSUM CUM ANNOTATIONIBUS IN MARGINE.

Exemplaire sur papier; musique, bois, calendrier avec encadrements.

A la fin : « *Jussuque impensis nobilis viri Lucantonii de Giunta florentini*... 1519, *in alma venetias urbe impressum.* »

Cat. B, 171.

162. HEURES. — Le titre manque. Format in-12. Rel. vélin blanc aux armes d'A. Brölemann.

Exemplaire sur vélin avec enluminures; dans le bas des encadrements la *Danse des Morts*.

Ces heures, rares dans ce format, sont malheureusement très incomplètes.

Cat. A, 155; B, 189.

163. MISSÆ EPISCOPALES PRO SACRIS ORDINIBUS CONFERENDIS..... PER R. P. D. HIER. MACHABEUM COSTRENSIUM PRÆSULEM. VENETIIS APUD JUNCTAS, 1563. — Rel. mar. r. fil. fleurons, tr. dor.

Imprimé en caractères gothiques rouges et noirs; bois dans le texte. Le titre a été remonté. On a relié à la suite : *Breve compendium diversorum casuum*, du même auteur, impr. caract. romains, à Venise, chez Luc Juncte, en 1563.

Cat. B, 181.

164. OFFICIUM BEATÆ MARIÆ VIRGINIS PII V PONT. MAX. JUSSU REFORMATUM. VENITIIS APUD JUNTAS, 1591. — Rel. v. raciné, fil. et fleurons, dos plat, tr. dor.

Vingt-six figures sur cuivre; exemplaire court de marges; le titre est remonté.

Cat. B, 170.

165. LAS HORAS DE NUE || STRA SENORA SEGUN EL USO || ROMANO. EN LYON POR GUILIELMO ROVILLIO, 1551. — Rel. parchemin souple avec le monogramme de Charlotte du Tillet répété dans des losanges formés par des lacs.

Imprimé en rouge et noir, sur papier, avec encadrements et figures. Il y a une erreur de pagination dans l'impression, le dernier feuillet est impair.

A la fin : « *fueron impressas las presentes Horas en la ciudad de Leon de Francia en casa de Mathias Bonhomme.* »

Ex libris écrit en lettres dorées : « Pour très dévote et religieuse dam[lle] Charlotte du Tillet, hostesse du cœur triumphant. »

Bibl. de Jules Plantin.

Cat. A, 91; B, 138.

166. LAS HORAS || DE NUESTRA SENORA || SEGUN EL USO || ROMA || NO || EN LYON, POR LOS HEREDEROS DE || JACOBO JUNTY || 1560 ||. — In-16. Rel. mar. bleu, tr. dor.

Petit volume très rare, imprimé en caractères italiques rouges et noirs, orné de jolies gravures à pleine page et de vignettes gravées sur bois. Il se compose de 208 ff., dont 16 paginés de 1 à 32; 191 foliotés, de 33 à 223, et 1 f. blanc.

A la fin : « *Las presentes horas fueron impressa en Lyon de Francia en casa de Pedro Fradin* MDLX (1560). »

Cat. B, 191.

167. HEURES. — Le titre manque. Petit in-8°. Rel. du XVIIe siècle; peau brune, tr. dor. et ciselées.

Exemplaire sur papier et réglé. Les encadrements et les grandes figures (bois) sont d'un tirage médiocre.

A la fin : « imprimées à Lyon par Macé Bonhomme. »

Cat. B, 175.

168. LES PSAUMES MIS EN RIME FRANÇOISE PAR CL. MAROT ET THÉODORE DE BÈZE. LYON, PAR IAN DE TOURNES, POUR ANTOINE VINCENT, 1563, AVEC PRIVILÈGE DU ROY. — In-12. Rel. mar. vert olive, dos orné, fil. dents. (Kochler).

Imprimé sur papier avec encadrements et musique notée. A la suite se trouve : LA FORME DES PRIÈRES ECCLÉSIASTIQUES, monument de la vieille liturgie protestante.

Cat. B, 137.

169. QUARANTE TABLEAUX, 1570. — *Recueil de J. Tortorel et J. Perissin.*

Le titre a été refait dans un ancien encadrement découpé et collé. Manquent *l'avys au lecteur*, *la mercuriale* (n° 2) et *le tournoy* (n° 1). Le reste est complet. Les épreuves originales sont assez bonnes, le plus souvent meilleures que celles qui ont servi à l'édition de 1886. On y a ajouté : 1° une gravure allemande représentant *l'attentat et le massacre de l'amiral de Coligny* ; 2° *la procession des Ligueurs* ; 3° une *procession des Ordres religieux* avec texte satirique (1610) ; 4° un dessin du XVIIIe siècle représentant *le meurtre de J. Coujon*. On y a joint aussi un fragment du *Journal encyclopé-*

dique, de juillet 1765, renfermant une lettre sur la procession de la Ligue.

Cat. B, 178.

170. LES GRANDES SCÈNES HISTORIQUES DU XVIe SIÈCLE, *reproduction fac-simile de J. Tortorel et J. Perissin.—Publié sous la direction de M. Alfred Franklin. Paris, Fischbaker, 1886.* — Grand in-f°. Rel. mar. br. dos à nerfs, doré en tête, ébarbé.

Cat. B, 177 *bis*.

171. HORÆ BEATISSIMÆ VIRGINIS MARIÆ AD USUM ROMANUM REPURGATISSIMÆ. *Antuerpiæ ex officina Christophori Plantini, 1570.* — In-8°. Belle rel. du XVIe s., dos à nerfs, peau br., coins et médaillons frappés sur les plats, tr. dor. et ciselées.

Exemplaire sur papier. Encadrements et figures gravés sur cuivres, les grandes figures signées P. B.

Cat. B, 168.

172. OFFICIUM B. MARIÆ VIRGINIS NUPER REFORMATUM ET PII V PONT. MAX. JUSSU EDITUM. — *Antuerpiæ ex officina Christophori Plantini,* 1575. — Rel. du XVIIe siècle mar. r. coins dor.; sur les plats armoiries : *de.... à trois cotices de.... accompagnées en chef de trois étoiles de* .... Devise : *humble et courtoys.*

Exemplaire sur papier et réglé; grandes figures signées H. W. (Jérome Wierix).

Cat. B, 169.

173. Livre de Piété, imprimé à Nuremberg en 1568. — Rel. mar. noir tr. dor. et ciselées, fermoir en argent.

Exemplaire sur papier en langue allemande, quarante-neuf pages avec ornements et figures enluminées, armoiries de Bâle.

Cat. A, 54; B, 188.

174. Diplôme en droit pontifical délivré a R. F. Léon Fongian (de Molinari), *à Messine le 16 octobre 1620.* — Rel. mar. r. fil. dent. coins et médaillons; sur les plats : *le Christ* et *la Vierge;* sur les gardes, deux miniatures : *la Descente de Croix* et *le Christ au Jardin des Oliviers.*

Manuscrit sur vélin. Au verso du premier feuillet : *Epistola Beatæ Virginis Mariæ ad Messanenses ;* armoiries : *de gueules à la croix d'argent* et *d'azur au cœur de gueules en abîme, chargé d'une étoile d'or ; au chef de gueules à la croix d'argent.*

Cat. A, 154 ; B, 99.

175. Le Livre de Dieu et de Nostre dame *utile et proufittable à tous esleus soyent gens clercs ou lais — Lequel contient cinq petits traités* : Le premier de la manière de prier Dieu; le second est de chanter; le tiers est de adversité et prospérité :

et conseil en tous deux ; le quart est de la Vierge-Marie à l'honneur et louange de Dieu et d'elle ; le cinquiesme est d'honorer le Saint-Sacrement de l'autel. — (Haut. 180 mill. ; larg. 125 mill.) ; 70 ff. Rel. mar. vert, ornements sur les plats, tr. dor.

Manuscrit sur vélin. Initiales ornées peintes.
Cat. A, 131 ; B, 97.

176. HEURES DE NOSTRE-DAME. — XVIIe siècle (haut. 145 mill. ; larg. 100 mill.) ; 92 ff. Rel. mar. vert frappé sur les coins et au milieu.

Manuscrit sur vélin, réglé. Calendrier avec *éphémérides*, intéressant le XVe et le XVIe siècle ; jolie écriture. Une miniature : *Saint-Louis*. On y trouve les *Prières et saintes doléances de Job* en vers français, et à la fin, l'*Oraison de Sainte-Geneviève* en prose.
Bonne conservation.
Cat. A, 42 ; B, 95.

177. OFFICE DE L'ÉGLISE SUIVANT LE BRÉVIAIRE DE PARIS. — *Exemplaire unique, écrit et décoré en or par Goblet, maître d'écriture, expert du bureau Académique d'Écriture — A Paris, rue St-Jacques près St-Benoit. 1792.* (Haut. 225 mill. ; larg. 155 mill.) ; 104 ff. Rel. mar. vert plein, aux armes de France, gardes en soie rose.

Manuscrit sur papier d'une belle écriture, en rouge, noir

et or. Quelques ornements d'un gracieux style, mais d'une main inhabile; les encadrements sont en or bruni.

Bonne conservation.

Cat. A, 46 *bis*; B, 98.

178. PETITES HEURES A L'USAGE DE M. L. B. D. F. 1753. — Rel. mar. brun, tr. dor.

Manuscrit sur papier, genre Jarry; 276 pages encadrées d'un double filet. Ecriture régulière en lettres romaines.

Cat. B; 101.

179. MISSEL. — (Haut. 285 mill.; larg. 210 mill.); 223 pages. Belle reliure du XVIIIe siècle, mar. roug. dent. et attributs sur les plats, tr. dor.

Ce manuscrit sur vélin n'est pas d'une écriture régulière, et les figures sont d'une exécution médiocre. A la fin : « scripsit: Jean-Baptiste-Nicolas Laviolle metensis. »

Ex libris : sur le titre, *En 1770, Augustins du grand couvent de Paris. — A appartenu, le 18 mai 1793, à Louis-Etienne Bonnet, de Saint-Nicolas.*

Cat. B, 66.

180. PSEAUMES. — (Haut. 100 mill.; larg, 65 mill.); 73 ff. Rel. mar. r., fil. dor., tr. dor.

Manuscrit italien sur vélin, du XVIIe siècle. Dix miniatures, et petits encadrements à bâtons. On y trouve l'oraison en grec et en latin du roi Manassé et les pseaumes de David. — Les armoiries qui y figurent deux fois, très finement dessinées à la plume, sont : *écartelé : au 1 et 3 d'azur à la fasce d'or, accompagnée en chef de trois étoiles de. . . . et en pointe d'un croissant de. . .; au 2 et 3, d'or à la guivre de. . .*

Cat. Yéménitz.

Cat. B, 14.

181. OFFICIUM S. PATRIS BENEDICTI. — (Haut. 145 mill.; larg. 90 mill.); 131 ff. Rel. mar. brun.

Manuscrit sur vélin, d'une finesse remarquable, écrit en lettres romaines, encre grise. Initiales et bandeaux à la plume, grand nombre d'initiales en rouge, mais d'un *ton pâli*.

Sur le dernier feuillet on lit : *hoc opusculum intra anni circulum absolvit R. F. P. Gregorius Ilmperger, monachus benedictinus in Tegernsee* (Bavière), *ætatis* LX *annorum, anno* MDCXCV *(1695)*.

Cat. Didier-Petit, n° 372.

Cat. B. 83.

182. PRECES PIÆ. — (Haut. 75 mill.; larg. 45 mill.); 40 ff. Rel. mar. gros bleu, fil. et coins sur les plats, gardes mar. r. avec orn. frappés, (Bauzonnet Trautz), dans un étui en chagrin noir, en forme de livre.

Manuscrit sur vélin. *Prières à la Vierge* en plusieurs langues : latin, allemand et moldave. Ecriture fine, dans le goût de Jarry; lettres et encadrements à l'encre noire, retouchés or. Armoiries impériales d'Autriche, avec l'aigle à deux têtes couronnée, sur le corps de l'aigle l'initiale F; en pointe un croissant.

Cat. B, 17.

183. HEURES EN FRANCOYS || AU PLUS PRÈS DU LATIN. *Imprimées à Paris pour Jehan de Brie, marchant et libraire.* — Pet. in-8° étroit. Rel. mar. brun, petits fers, sur les plats initiales : L. B. et M. G., tr. dor.

A la suite : *La passion de Nostre seigneur Jesuchrist selon Sainct Jehan, imprimé à Paris pour Pierre Ricouart. — S'ensuyt l'office de Nostre-Dame de pitié. — Sensuyt la manière comment il faut faire l'oraison à Dieu pour avoir ce qui est nécessaire au corps et à l'âme. — Sensuyuent oraisons de plusieurs saincts et saintes.*

Ces prières sont imprimées par Pierre Ricouart avec des figures sur bois et sa marque.

Cat. B, 372.

184. PSEAUMES DE DAVID *traduits du français en rimes allemandes par Ambroise Lobwasser, Bâle, Decker, 1747.* — Rel. du XVIIIe s. en métal découpé et appliqué sur chagrin noir, fermoirs avec émail, tr. dor.

Cat. B, 193.

185. LA FEMME PIEUSE EN DIEU *par Nicolas Haas. — Leipzig, Gledischen.*

Belle reliure du XVIIe siècle. Les plats et le dos sont en vermeil fondu et ciselé. Sur les plats deux hauts-reliefs d'une bonne exécution *l'Annonciation* et *la Nativité.*

Ce petit livre d'un format étroit est imprimé en allemand.

Cat. B, 192.

186. CHEVALIERS ET COMMANDEURS DE L'ORDRE DU S^T^-ESPRIT *créés au chapitre tenu par le roy Louis XIII en l'Église des Augustins, à Paris, le dernier jour de l'an 1619.* — Format in-fol. Rel. vélin blanc souple.

Suite de soixante et dix-huit blasons admirablement coloriés.
Vente Moyria.
Cat. B, 212.

187. LES STATUTS DE L'ORDRE DU ST ESPRIT. *De l'imprimerie royale*, 1703. *Anisson, directeur.* — Rel. mar. r., fers frappés sur les plats; armes de France et Saint-Esprit, dos fleurdelisé, tr. dor.

Exemplaire réglé, papier vergé. A appartenu à un membre de la famille de Boissy du Coudray, dont les armes sont collées contre la première garde.
Vente Didier-Petit.
Cat. B. 64.

188. LES STATUTS DE L'ORDRE DU ST ESPRIT *estably par Henri IIIme du nom, roi de France et de Pologne, au mois de décembre l'an 1578. De l'imprimerie royale*, 1724. — Rel. mar. rouge, sur les plats : armes de France accompagnées de quatre Saint-Esprit, tr. dor.

Exemplaire sur papier fort et réglé.
A la fin : « A Paris, par les soins d'Anisson, directeur de l'Imprimerie royale, 1724. »
Cat. B, 203.

189. L'OFFICE DES CHEVALIERS DE L'ORDRE DU ST-ESPRIT. *De l'imprimerie royale*, 1740. — In-12. Rel. m. r. fil. or. Sur les plats la croix de

l'Ordre du Saint-Esprit; dos fleurdelisé et flammé; tr. dor.

Cat. B, 65 *bis*.

190. LES STATUTS DE L'ORDRE DU SAINT-ESPRIT *estably par Henri IIIme du nom roy de France et de Pologne au mois de décembre l'an MDLXXVIII.* — *De l'imprimerie royale*, 1740. — In-4°. Rel. mar. rouge. Sur les plats : Saint-Esprit et armes de France; dos fleurdelisé et flammé, tr. dor.

Exemplaire réglé, papier fort. Vignettes et bandeaux par Seb. Le Clerc.

Cat. B, 65.

191. LES ORDONNANCES DE L'ORDRE DE LA THOYSON D'OR. — 45 ff. Rel. mar. r., dent. et fil. sur les plats, tr. dor. gardes moires bleues.

Imprimé sur vélin (XVIIe siècle). Quelques initiales ornées peintes.

A la fin sept pages manuscrites donnant de nouveaux règlements décrétés en l'Assemblée du 29 juillet 1656.

Provenant de la bibliothèque Mac Carthy, château de la Vache.

Cat. B, 63.

192. SOLEMNIA ELECTIONIS ET INAUGURATIONIS LEOPOLDI... *(Les solennités de l'élection et le couronnement de Léopold, empereur des Romains).— Francofurti-ad-Mœnum, apud Casparum Merianum*

bibliopolam ac chalco graphum, ibid, anno 1660.— In-8°. Rel. mar. roug.

Les planches et figures de Gaspard Mérian ont été coloriées et représentent des scènes et des costumes du plus grand intérêt.

Cat. B, 184.

193. PORTRAITS, AVEC LEURS ARMOIRIES, *des patriciens de la République de Nuremberg formant le premier Sénat élu.* — Rel. anglaise mar. brun, dent., tr. dor.

Suite de quatre-vingt-trois figures gravées sur cuivre et tirées sur vélin; beau frontispice et titre en allemand. Fin du XVIe siècle.

Exemplaire unique.

Cat. B, 431.

194. GÉNÉALOGIE ET PORTRAIT « DER HERZN FUGGER » *anno 1620.* — *A Augsbourg.*

Cet exemplaire comprend 125 portraits, la plupart gravés par W. Kilian.

Cat. B, 341.

195. PINACOTHECA FUGGERORUM S. R. I. *comitum ac baronum in Khierchperg et Weissenborn.* — Editio nova multis imaginibus aucta Ulmæ apud. Joan Frid. Gaum 1754. In-fol. Rel. veau marbré, tr. dor.

Bonnes épreuves de cette suite de 139 portraits gravés d'après W. Kilian.

Cat. B, 430.

196. LES HÉROS DE LA LIGUE *ou la procession monacale conduitte par Louis XIV pour la conversion des protestans de son royaume. — A Paris chez Père Peters, à l'enseigne de Louis le Grand,* 1691. — In-4°. Rel. mar. rouge, filets, tr. dor.

Exemplaire bien complet et en bon état. Ces caricatures gravées à la manière noire sont l'œuvre de protestants réfugiés en Hollande après la révocation de l'édit de Nantes.

Cat. de la Bedoyère, n° 1528.

Cat. B, 210 et 211.

197. LES HAUTS FAITS D'ARMES ET QUELQUES AVENTURES *de l'illustre, célèbre et belliqueux héros et chevalier du Grand-Penser* (TEWRDANK). — *Nuremberg, par Haunsem Schonsperger*, 1517. — In-fol. Rel. vélin blanc.

Ce livre est entièrement gravé, texte et figures. Le poème en langue teutonique est de Melchior Pfintzing, les 118 planches gravées sur bois sont de Hans Sibald ou de Hans Schaenfelin.

Exemplaire bien complet.

198. QUINTI HORATII FLACCI OPERA. — *Londini æneis tabulis incidit Joannes Pine*, 1733-1737. — 2 vol. in-8°. Rel. veau marbré, tr. dor.

Edition dont le texte est gravé en taille-douce.

Cat. B, 350.

199. L'OFFICE DE LA SEMAINE SAINTE, *à l'usage de la maison du roy, par Monsieur l'abbé de Bellegarde. — Nouvelle édition. Paris, de l'Imprimerie de Jacques Collombat*, 1741. — In-8°. Rel. m. r., tr. dor.

Exemplaire relié en maroquin rouge aux armes de la marquise de Pompadour. Le fer n'est pas le même que celui donné par l'armorial du Bibliophile.
Cat. B, 356.

200. LA PIPE CASSÉE. *Œuvres poissardes de J.-J. Vadé suivies de celles de l'Écluse. — Paris, Didot le Jeune*, 1796. — In-4°. Rel. mar. rouge, gardes mar. jaune (Mercier).

Édition tirée à 300 exemplaires dont 100 sur grand papier; exemplaire sur grand papier avec quatre figures imprimées en couleur avant la lettre.
Cat. B, 2323.

201. HISTOIRE DES QUATRE FILS AYMON, *illustrée de compositions en couleurs par Eugène Grasset, gravure et impression par Charles Gillot. — Paris, Launette*, 1883. — In-4°. Rel. mar. rouge. tr. dor. (Ph. Buck).

Exemplaire sur papier japon.
Cat. B. 197.

www.ingramcontent.com/pod-product-compliance
Lightning Source LLC
LaVergne TN
LVHW020413230826
846091LV00004B/1269

* 9 7 8 2 0 1 3 6 2 6 5 7 6 *